國家社科基金重大委托項目“《子海》整理與研究”成果

山東省社科規劃重大委托項目成果

子海精華編

主編　王承略　聶濟冬

申鑒

［東漢］荀悦　撰　項永琴　點校

劇談録

［唐］康駢　撰　蘭翠　點校

白沙語要

［明］陳獻章　撰　張秉國　校箋

讀書雜録

［明］胡震亨　撰　張秉國　校箋

山東人民出版社·濟南
國家一級出版社　全國百佳圖書出版單位

圖書在版編目（CIP）數據

申鑒/(東漢）荀悦撰；項永琴點校．劇談録/(唐）康駢撰；蘭翠點校．白沙語要/(明）陳獻章撰；張秉國校箋．--濟南：山東人民出版社，2018.9
（子海精華編/王承略，聶濟冬主編）
本書與《讀書雜録》（（明）胡震亨撰，張秉國校箋）合訂
ISBN 978-7-209-11536-0

Ⅰ．①申… ②劇… ③白… Ⅱ．①荀… ②康… ③陳… ④項… ⑤蘭… ⑥張… Ⅲ．①政論—中國—東漢時代 ②筆記小説—小説集—中國—唐代 ③陳獻章（1428-1500）—哲學思想 Ⅳ．①D691 ②I242.1 ③B248.15

中國版本圖書館CIP數據核字(2018)第180035號

責任編輯：李 濤 助理編輯：吕士遠
封面設計：武 斌

申 鑒
[東漢]荀悦 撰 項永琴 點校
劇談録
[唐]康駢 撰 蘭翠 點校
白沙語要
[明]陳獻章 撰 張秉國 校箋
讀書雜録
[明]胡震亨 撰 張秉國 校箋
SHENJIAN JUTANLU BAISHAYUYAO DUSHUZALU

主管部門 山東出版傳媒股份有限公司
出版發行 山東人民出版社
出 版 人 胡長青
社 址 濟南市英雄山路165號
郵 編 250002
電 話 總編室(0531)82098914
市場部(0531)82098027
網 址 http://www.sd-book.com.cn
印 裝 山東臨沂新華印刷物流集團有限責任公司
經 銷 新華書店

規 格 32開(148mm×210mm)
印 張 9
字 數 160千字
版 次 2018年9月第1版
印 次 2018年9月第1次
ISBN 978-7-209-11536-0
定 價 64.00圓

國家社科基金重大委托項目“《子海》整理與研究”成果之一

《子海精華編》

《子海精華編》出版説明

“子海”，即“子書淵海”的簡稱。“《子海》整理與研究”課題係國家社科基金重大委托項目、山東省社科規劃重大委托項目。該課題分《珍本編》《精華編》《研究編》《翻譯編》四個版塊，力圖把子部珍稀文獻、精華文獻進行深層次的整理、研究和譯介，挖掘子部文獻的價值，促進子學研究的發展。

山東大學向來以文史見長。古籍整理與子學研究，是其中的傳統研究方向。“《子海》整理與研究”，是在山東大學前輩學者高亨先生積三十年之力陸續做成的《先秦諸子研究文獻目録》的基础上，由已故著名古籍整理與研究專家董治安先生參與策劃、設計的大型綜合研究課題。課題立項後，得到了宣传部、教育部、財政部、山東省政府和山東大學的大力支持，學界同仁踴躍參與。《精華編》的整理研究團隊近兩百人，來自海内外四十八所高校和研究機構。在組織管理上，《精華編》努力探索傳統文化研究協同創新的新體制、新機制，現已呈現出活力和實效。

華夏文明是由多元文化構築而成的。中國古代子部典籍，以歷代士人個性化作品的形式，系統性地展示了華夏民族的世界觀和方法論，立體性地反映了中華民族對世界文明發展的貢獻。其中，無論是宏篇大論，還是叢殘小語，都激蕩着歷史的聲音，閃爍着智慧的光芒，構成中國古代思想、藝術、科技和生活方式的主體内容。《精華編》通過對子部最优秀的典籍的整理，一方面擷英取粹，爲華夏文明的傳播提供可靠的資源和文本；另一方面以古鑒今，爲當下社會的發展提供智力支持和精神支撑。並希望進而梳理中華傳統文化的多元結構，繼承中華優秀傳統文化的一貫文脈。

根據漢代以後子學發展和子部典籍的實際情況，參照官私目録的分類與著録，《精華編》選取先秦諸子、儒學、兵家、法家、農家、醫家、曆算、術數、藝術、雜家、小説家、譜録、釋道、類書等十四個類目的要籍幾百種，編爲目録，作爲整理的依據，而在成果展現上則不出現具體的類目。爲統一體例，便於工作，《精華編》編有詳細的《整理細則》，并有簡明的《整理要則》，供整理者遵循使用。

《精華編》整理原則是，對每種子書的整理，突出學術性、資料性和創新性，力求吸納已有的整理成果，推出更具參考價值、更方便閱讀的整理文本。所采用的整理方式，大體有三種：一、部頭較大且前人未曾整理者，采用標點、校勘的方式整理；二、前人曾經標點、校勘者，或采用抽换更好或别具學術特色底本的方式整理，或采用集校、集注的方式整理，或采用校箋、疏證的方式整理，或綜合使用以上方式；三、前人已有較好的注本者，則采用集注、彙評、補正等方式整理。

《精華編》采用五次校審、遞進推動的管理程式，即：一、初校全稿。子海編纂中心組織碩、博研究生，修改文稿錯别字，規範異體字，調整格式，發現並標明校點中的不妥之處。二、初審文稿。子海編纂中心的編纂人員根據情況，解決初校時發現的问题，並判斷書稿的整體質量。三、匿名評審。聘請資深教授通審全稿，全面進行學術把關，消滅硬傷，寫出審稿意見。四、修改文稿。子海編纂中心及時把專家審稿意見反饋给整理者。整理者根據審稿意見修改，做出新文稿。五、終審文稿。待新文稿返回子海編纂中心後，總編纂做最後的學術質量把關。五步程序完成後，將文稿交付出版社。

五次校審的目的是爲了保證學術質量，提高整理水平，減少錯訛硬傷。但校書如掃塵埃落葉，隨掃隨有，《精華編》雖經多道程序嚴加把關，仍難免有錯，懇請方家不吝指教。子海編纂中心將及時總結經驗，吸取教訓，把工作做得更好，以實現課題設計的初衷。

目　録

申　鑒

劇談録

① 津本無注。

白沙語要

① 據津本補。

讀書雜録

申鑒

整理説明

荀悦（148—209），字仲豫，潁川潁陰（今河南許昌）人。東漢末哲學家、史學家、思想家，是荀子第十三世孫。“年十二，能説《春秋》。”“所見篇牘，一覽多能誦記。”（《後漢書·荀悦傳》）靈帝時，宦官當權，托疾隱居。獻帝時，由堂弟荀彧推薦，到曹操的鎮東將軍府任職。獻帝遷都許昌後，荀悦遷黄門侍郎，與孔融、荀彧三人同在宫中爲獻帝侍講。歷任黄門侍郎、秘書監、侍中等職，深得皇帝器重。

荀悦性沉静，一生尤好著述，見於本傳者有《漢紀》《申鑒》《崇德》《正論》及諸論數十篇。除《漢紀》《申鑒》外，其餘均已失傳，明張溥曾輯有《荀侍中集》一卷，有《漢魏六朝百三名家集》本行世。

《申鑒》是一部政論性著作，因“時政移曹氏，天子恭己而已。悦志在獻替，而謀無所用，乃作《申鑒》五篇。其所論辯，通見政體，既成而奏之”，“帝覽而善之”（《後漢書·荀悦傳》）。全書共五篇：《政體》《時事》《俗嫌》《雜言》上下。《政體》論述爲道施政的綱領性意見，主張君主以仁義治國，效法聖王治政之術，用“法教觀”管理社會和百姓。《時事》著眼總結歷代經驗教訓，申説自己的政治主張，涉及政治、經濟、刑法、教育、歷史及倫理道德等方面。《俗嫌》主要批判世俗禁忌迷信之説，體現了荀悦的唯物論思想。《雜言》上下是有關性命、知性、善惡、吉凶以及君臣關係的雜論，模擬揚雄《法言》，采用問答形式，對各種社會問題陳述己見。

《申鑒》的主要學術價值如下：

首先，在人性问题上，荀悦提出新“性三品”説。

此説源於董仲舒“天人感應”的人性論。董仲舒把人性分爲上、中、下三等——“聖人之性”“中民之性”和“斗筲之性”，認爲“中民之性”可上可下，須“性待漸於教訓，而後能爲善”。（《春秋繁露·實性》）荀悦將之進行改造：“有三品焉，上下不移，其中則人事存焉爾。命相近也，事相遠也，則吉凶殊矣。”上品天性本善，下品生來即壞，二者都恒定不變。而中品可以改變——經過教育成就性善，通過法律消除性惡：“性雖善，待教而成；性雖惡，待法而消。”具體而言：“從教者半，畏刑者四分之三，其不移大數九分之一也，一分之中又有微移者矣。”（《申鑒·雜言下》，下只注篇名）可以説，荀悦的性三品説包含了一些合理成分。

荀悦闡揚新“性三品”的人性觀，認爲人性有善有惡，性不獨善，情不獨惡，並以此爲發端，把它作爲其政治思想的理論基礎，建立起“教法並行”、重視百姓情欲、反對迷信、重視人事等思想主張。

其次，注重社會改良，提出以民为本、“教法並行”的政治主張。

《申鑒》以人民爲國家的根本：“天作道，皇作極，臣作輔，民作基”，“君爲元首，臣爲股肱，民爲手足”。（《政體》）甚至把人民的安定與否提高到國家存亡的高度，“民存則社稷存，民亡則社稷亡”（《雜言上》），很有遠見卓識。荀悦強調統治者必須考慮人民的利益，君主“致治之術”的五政之首即“興農桑以養其生”，要“先豐民財以定其志”，百姓安居樂業，國家纔會太平，否則“足寒傷心，民寒傷國”。荀悦還強調君主要與人民同甘苦，“下有憂民，則上不盡樂；下有飢民，則上不備膳；下有寒民，則上不具服”。他還主張對人民的剥削保持在一定限度之内，一如“水可使不濫，不可使無流”，否則，“若乃肆情於身而繩欲於衆，行詐於官而矜實於民，求己之所有餘奪下之所不足，舍己之所易責人之所難，怨之本也”（《政體》）。

在民本思想的支配下，荀悦主張以教法作爲治理人民的常道：“故凡政之大經，法教而已矣。”（《政體》）甚至説儒家的仁義禮智信都是爲了實現教法：“仁也者，慈此者也；義也者，宜此者也；禮也者，履此者也；信也者，守此者也；智也者，知此者也。”而這一主張又直接建立在“性三品”

之上："禮教榮辱以加君子，化其情也；桎梏鞭朴以加小人，治其刑也"，"若夫中人之倫，則刑禮兼焉"。荀悦还特别強調教化的行廢對於"中人"的改變極其重要："教化之廢，推中人而墜於小人之域；教化之行，引中人而納於君子之塗。"（《政體》）

再次，該書的文學價值很突出。

王鏊序贊譽《申鑒》"無賈誼之經制而近於醇，無劉向之憤激而長於諷"，是典型的漢魏古文風格。黄震説"《俗嫌》第三，《雜言》第四、第五，多用或問，頗效揚雄《法言》之體"（見《黄氏日鈔》五十七），王鏊和《四庫提要》等也認同此説。的確，在《俗嫌》等篇中，每段以"或問""或曰"引出所論内容，以"曰"來闡明己見，有問有答，具有先秦語録體的遺風。

在論述時，荀悦還采用了一些獨特的比喻。如在《政體》中謂民猶水，"濟大川者，太上乘舟，其次泅。泅者勞而危，乘舟者逸而安，虚入水則必溺矣。以知能治民者，泅也；以道德治民者，舟也"。將人民比爲水，通過不同的過河方式所産生的差異，論述君王不同的治民方法。形象的比喻使得文章更加生動有趣。

雖然荀悦的主張在強權爭霸的漢末未能發揮作用，但其思想後來被曹操所采用，對曹魏的政治經濟産生了重要影響。唐代的統治者也相當重視，魏徵在《群書治要》中專列《申鑒》一目，精選書中精華，求以資於治。

目前所知《申鑒》的最早刻本是南宋尤袤江西漕臺刻本。此本刊於南宋淳熙九年（1182），尤袤稱“此書則世罕見全本。余家有之，因刻置江西漕臺。但簡編脱繆，字畫差舛者不一，不敢以意增損，疑則闕之，以俟知者”（見《抱經堂藏書志》卷三十二）。此本今不存。後成都制置丁黼於嘉定十二年（1219）以尤本翻刻，至元大德九年（1305）陳子仁再次刊版，所據或爲丁本。今均未見。

今可見《申鑒》的最早刻本是明正德十三年（1518）大梁李鐮刻本。此本半葉十行二十字，白口，四周單邊，前有尤袤序和李鐮自序。此後，嘉靖十二年（1533）張惟恕刻本及《十二子》本、《子匯》本（後二者均題《小荀子》）等，均據此本刊刻。

正德十四年（1519），吴縣黄氏文始堂刻本問世。此本半葉九行十七字，白口，四周雙邊，黄省曾注，注爲雙行小字，順文解説。嘉靖年間，文始堂再度印行。此後明程榮《漢魏叢書》本、何允中《廣漢魏叢書》本、胡維新《兩京遺編》本，及清《四庫全書》本、王謨《增訂漢魏叢書》本，直至民國《龍溪精舍叢書》本等，皆依據文始堂黄注本。另外，商務印書館《四部叢刊》本、上海古籍出版社《諸子百家叢書》本等皆用文始堂黄注本影印。

前人對於文始堂黄注本的優劣得失，説法不一。因原文脱繆之處較多，故清陸心源説："是書刊于正德中，當時宋本必多，省曾意在作注以抒寄托，不暇訪求善本，故訛奪如此耳。"（見《儀顧堂題跋》卷六）而王鏊序認爲其"博洽精密"，喬宇跋也稱"尤爲博洽"。相比之下，《四庫全書總目》之説較爲客觀：黄注"引據博洽，多得悦旨。其於《後漢書》所引間有同異者，亦並列其文於句下，以便考訂。然如《政體》篇'真實而已'句，今本《後漢書》'實'作'定'；'不肅而治'句，今本《後漢書》'治'作'成'，而省曾均未之及，則亦不免於偶疏也"。

應該説，黄注的可取之處頗多，如引據博洽，注意運用各種文獻資料參稽互證；釋詞精當，便於讀者把握文意；重視對歷史背景和典章制度的説解；對原書的訛文脱簡，慎於闕疑，不妄下斷語或輕易改字，而對於某些注文的推斷又頗有見地等。"到目前爲止，在《申鑒》的注本中，黄注仍是最全、最好和最具權威性的。"（詳可參見張濤《〈申鑒〉的流傳和版本問題》，《文獻》1993 年第 3 期）所以此次整理，我們仍選擇黄注本作爲底本。

明代還有一些《申鑒》的節本、選本，均據李鐮本或黄注本刊刻，對閲讀和欣賞《申鑒》有所裨益，但版本價值不高。

至清代，《申鑒》的刻本也大都據黄注本刊成，僅錢培名《小萬卷樓叢書》例外。錢氏以黄注本原文爲底本，云黄注“無甚發明”，於刊刻時“概從删汰”。而據《後漢書》《群書治要》《北堂書鈔》《太平御覽》等訂其訛脱，並著札記附於書後。《叢書集成初編》本據之排印。此外還有一些校勘、疏解性的著述頗可稱道，如盧文弨《群書拾補》和孫怡讓《札迻》的《申鑒》部分等。

《申鑒》版本較多，諸家各有所長。此次整理以成書較早的程榮《漢魏叢書》本所收黄省曾注（簡稱黄注）《申鑒》本爲底本，以上海涵芬樓影印《兩京遺編》本（簡稱遺編本），潮陽鄭堯臣輯、唐晏刊《龍溪精舍叢書》本（簡稱龍溪精舍本）爲校本，參以盧文弨《群書拾補》（見《抱經堂叢書》，簡稱盧校）、錢培名校本（見《小萬卷樓叢書》，簡稱錢校）及文淵閣《四庫全書》等。

各本之中，有的是遺編本和龍溪精舍本文字相同，而和底本有别，前二者意勝，故取之，如卷一“欲事成雄據天下”，“雄”字底本作“碓”；卷二“澳，厓内近水之處”，“處”字本爲空格等。有的則是底本和遺編本相同，如卷四“先哲之言不輟於身”，“身”字龍溪精舍本作“耳”。有擇龍溪精舍本意勝者取之，如卷二“收遠輸之京師”，“收”字底本爲“牧”。此卷黄注“老師已喪，義無所聞”，“聞”字底本作“間”等。

今人孫啓治《申鑒注校補》（簡稱孫本），收入中華書局《新編諸子集成續編》中。此本以文始堂本黄注本爲底本，校正文與黄注，補黄注之缺，補以釋正文爲主，非旨在爲黄注作疏。此本是目前所知較好的版本。此次整理，因所选底本有别，故和孫本在文字上有所差别。如卷一注文“氾、傕相鬥之類也”，孫本作“氾、傕相鬥，皆爭權之類”；又此卷正文“慎之至也”，孫本無此句。而斷句上亦有不同之處，如卷二“居部九歲，舉爲守相”，孫本作“居部九，歲舉爲守相”；“刑教不行，勢極也”，孫本作“刑教，不行勢極也”等。

除傳世本及《後漢書》本傳所引之外，以《群書治要》所引較多，其文字與傳世本有所差别，龍溪精舍本所附《群書治要異文逸文並附校語》將之一一比對，自成一體，故將之置於書後，以求便於讀者比較閱讀。

申鑒注序

《申鑒》五卷，漢荀悦著。悦仕獻帝朝，辟曹操府，與孔融及弟彧同侍講禁中。悦每有獻替，而意有未盡，此《申鑒》所爲作者，蓋有志於經世也。然當時政體，顧有大於總攬機務，使權不下移者乎？而曾無一言及之，何哉？厥後融以論建漸廣，彧以不阿九錫，皆不得其死。悦獨優游以壽終，其亦善處濁世者矣。其論政體，無賈誼之經制而近於醇，無劉向之憤激而長於諷。其《雜言》等篇，頗似楊雄《法言》。雄曲意美新，而悦無一言及於操，視雄爲優矣。或言悦書似徐幹、王符，考其歸，兹若人之儔乎？吾未知所先後也。而三品之説，昌黎公有取焉。其書世亦罕傳。吾蘇黄勉之好蓄異書，又爲之訓釋，搜討磔裂，出入五經、三史、《春秋》内外傳、《老》《莊》《淮南》《素》《難》、天官、地志，博洽精密，多得悦旨。雖然，悦之書其有所感而爲乎？勉之之注豈亦有感而爲乎？勉之春秋方富，行將抒其學，出而效用，當炳焉赫焉，流聲實於天朝。尚何悦之慕哉？

正德十四年歲在己卯冬十月既望吴郡王鏊撰

注申鑒序

荀卿五十游齊，在襄王時爲老師，被讒適楚，處濁世亡國亂君之間，著書數萬言而竟無所施究，悲哉！逮十三世而有悦，其所遭之時如卿然，故托疾隱居。然不能高深丘壑，至建安初，辟於操府，遷黄門侍郎。時從弟彧適守尚書令，而孔融自山東徵來，以是得同侍講中禁，濟經之務頗相討論。但政移曹氏，天子尸居，雖有嘉猷，將安用之？悦恐意蘊終不得披露，遂拾漢故新事及所欲獻替者，爲《申鑒》五篇以奏。嗚呼！亦徒空言也矣！厥後篡業日開，蘭凋玉玷，麟囚鳳戮，而悦獨晏然保首領以没者，良以融頻寓書規操，而操軍國之事必籌於彧，由此戾忤而不免也。悦於見幾君子誠若有愧，然立漢庭十二年，清虚沉静，未嘗效一言於操，不其賢歟？不其賢歟？予嘗悲其所遭，而讀其書，間窺其領要，遂爲之注，浹旬而成，共得萬四千餘言，以笥藏之。雖不能無揭竿求海之病，而事可證引者亦略具矣。若其深詞奥義，訛文脱簡，則俟大方君子覽而正焉。

正德己卯秋九月望吴郡黄省曾撰

卷第一

漢穎川荀悦著　明吴郡黄省曾注

新安程榮校

政體第一

夫道之本，仁義而已矣。五典以經之，群籍以緯之，咏之歌之，弦之舞之。前鑒既明，後復申之。故古之聖王，其於仁義也，申重而已。篤序無疆，謂之“申鑒”。聖漢統天，惟宗時亮，其功格宇宙。粤有虎臣亂政，虎臣，漢興輔弼之臣，所與共成天功者。亂，治也。治亂謂之亂，猶治污謂之污也。《書·泰誓》曰：“予有亂臣十人。”時亦惟荒圮湮，治荒曰荒。兹洪軌儀，監于三代之典。王允迪厥德，迪，蹈也。功業有尚。天道在爾，惟帝茂止，古“茂”“楙”通用，勉也。陟降膚止，萬國康止。允出兹，斯行遠矣。立天之道曰陰與陽，立地之道曰柔與剛，立人之道曰仁與義。此引《易·繫辭》文，以見人道惟在仁義，爲政者當申重之也。陰陽以統其精氣，所謂在天成象。剛柔以品其群形，所謂在地成形。仁義以經其事業，是爲道也。此三才之道所以立也。故凡政之大經，法教而已矣。教者，陽之化也；教者，德禮之謂。法者，陰之符也。法者，政刑之謂。仁也者，慈此者也；義也者，宜此者也；禮也者，履此者也；信也者，守此者也；智也者，知此者也。是故好惡以章之，喜怒以莅之，哀樂以恤之。若乃二端不愆，二端者，教與法也。五德不離，五德者，仁、義、禮、智、信也。六節不悖，六節者，好、惡、喜、怒、哀、樂也。則三才允序，五事交備，《洪範》："次二曰敬用五事：一曰貌，二曰言，三曰視，四曰聽，五曰思。"恭、從、明、聰、睿，所謂交備也。百工惟釐，庶績咸熙。《堯典》曰："允釐百工，庶績咸熙。"注曰："工，官。釐，治。庶，衆。績，功。咸，皆。熙，廣也。"天作道，皇作極，《洪範》："次五曰建用皇極。"又曰："惟皇作極。"極，中也。臣作輔，民作基，輔，助也，弼也。基，址也。謂臣工協棐民心鞏固也。惟先喆古"哲""喆"通用。《賓戲》曰："聖喆之治。"王之政，一曰承天，二曰正身，三曰任賢，四曰恤民，五曰明制，六曰立業。承天惟允，正身惟常，任賢惟固，恤民惟勤，明制惟典，立業惟敦，是謂政體也。致治按《漢書》作"政"字。之術，先屏四患，乃崇五政。一曰僞，二曰私，三曰放，四曰奢。僞亂俗，私壞法，放越軌，奢敗制。四者不除，則政末由行矣。按《漢書》"矣"下有"夫"字。俗亂則道荒，雖天地不得保其性矣；所謂“天生蒸民，[1]其命匪諶，靡不有初，鮮克有終”者也。法壞則世傾，雖人主不得守其度矣；軌越則禮亡，雖聖人不得全其道矣；制敗則欲肆，雖四表不能充其求矣：是謂四患。此僞、私、放、奢所以爲患而當先屏也。按當時如董卓鳴鐘鼓如洛，以逐君側之惡爲名，而實有異志。後則劫帝長安，欲事成雄據天下，[2]僞莫有甚焉者。卓以嚴刑脅衆，睚眦之隙必報，故當時法令苛刻，愛憎淫刑，更相被誣冤死，私莫有甚焉者。卓至西京，乘青蓋金華車，爪畫兩幡，放莫有甚焉者。卓築郿塢，高與長安城埒，積穀爲三十年，儲珠玉錦綺奇玩雜物，皆山崇阜積，奢莫有甚焉者。繼而傕、汜擅政，曹操柄國，率由一軌，海内成風，故悦以爲言。興農桑以養其生，按《漢書》作“性”字。審好惡以正其俗，宣文教以章其化，立武備以秉其威，明賞罰以統其法，是謂五政。民不畏死，不可懼以罪；《老子》曰：“民不畏死，奈何以死懼之？”民不樂生，不可觀按《漢書》作“勸”字。以善。雖使禼布五教，咎繇作士，政不行焉。無死之畏，法何由施？無生之樂，教何由立？故在上者先豐民財以定其志，帝耕籍田，后桑蠶宫，《月令》：“孟春之月，乃擇元辰，天子親載耒耜，措之于參保介之御間，帥三公、九卿、諸侯、大夫，躬耕帝籍。天子三推，三公五推，卿、諸侯九推。”又“季春之日，后妃齋戒，親東鄉躬桑”。《祭義》曰：“天子爲籍千畝，冕而朱紘，躬秉耒；諸侯爲籍百畝，冕而青紘，躬秉耒，以事天地、山川、社稷、先古，以爲醴酪齊盛，於是

① “蒸”，遺編本和龍溪精舍本均作“烝”。
② “雄”，原做“碓”，據遺編本和龍溪精舍本改。

乎取之，敬之至也。”又“古者，天子、諸侯必有公桑蠶室，近川而爲之。築宫仞有三尺，棘牆而外閉之。及大昕之朝，君皮弁素積，卜三宫之夫人、世婦之吉者，使入蠶室，① 奉種浴于川，桑于公桑，風戾以食之。”至漢文帝，常詔開籍田，而漢制皇后亦帥公卿諸侯夫人蠶。此所謂“興農桑”也。國無游民，野無荒業，財不虚按《漢書》作“賈”字。用，力不妄加，以周民事。是謂養生。此政之當崇者一也。君子之所以動天地，應神明，正萬物，而成王治按《漢書》作“化”字。者，必本乎真實而已。故在上者審則儀道，以定好惡。按《漢書》作“審定好醜焉”。善惡要於一作“乎”。功罪，毁譽效於準驗。聽言責事，舉名察實，功罪、準驗，事、實之謂也。無或詐僞以蕩衆心。故事無不核，物無不切，按《漢書》作“功”字。善無不顯，功得其迹也。惡無不彰，罪得其情也。俗無奸怪，民無淫風。淫，過無節也。《伊訓》曰：“敢有殉于貨色，恒于游畋，時謂淫風。”百姓上下睹利害之存乎己也。故肅恭其心，慎修其行，内不忒按《漢書》作“回”字。惑，外無異望，慮其睹，去徼倖，② 無罪過不憂懼，請謁無所聽，一作“行”。財賂無所用，則民志平矣。是謂正俗。此政之當崇者二也。君子以情用，小人以刑用。俗本誤作“形”。榮辱者，賞罰之精華也，故禮教榮辱以加君子，化其情也；桎梏鞭朴以加小人，③ 治《漢書》作“化”。其

① 此句遺編本和龍溪精舍本均作“入蠶於蠶室”。

② 此句錢校以爲“文不成義”，當據《群書治要》改爲“有罪惡者無徼倖”。

③ “朴”，錢校同，遺編本和龍溪精舍本作“扑”。

刑也。在手曰梏，在足曰桎。重者鞭以治之，輕者扑以撻之。扑，榎楚也。《周禮·掌囚》："凡囚者，上罪梏拲而桎，① 中罪桎梏，下罪梏。"《滌狼氏》："誓大夫曰：敢不關，鞭五百。"《虞典》曰："鞭作官刑，扑作教刑。"君子不犯辱，況於刑乎？刑不能以逮君子。小人不忌刑，況於辱乎？辱不足以治小人。若夫中人之倫，則刑禮兼焉。教化之廢，推中人而墜於小人之域；教化之行，引中人而納於君子之塗。塗，路也。是謂章化。此政之當崇者三也。② 小人之情，緩則驕，驕則恣，恣則急，急則怨，怨則畔。危則謀亂，安則思欲，非威強無以懲之。故在上者必有武備以戒不虞，《易》曰："君子以除戎器，戒不虞。"以遏寇虐。《詩·民勞》曰："式遏寇虐。"俗本誤作"虞"。安居則寄之內政，《國語》：桓公曰："國安矣。吾欲從事於諸侯，其可乎？"管子對曰："未可。君若正卒伍，修甲兵，則大國亦將正卒伍，修甲兵，則難以速得志矣。君有攻伐之器，小國諸侯有守禦之備，則難以速得志矣。君欲速得志於天下諸侯，則事可以隱令，可以寄政。"桓公曰："爲之若何？"管子曰："作內政而寄軍令焉。"韋昭解曰："內政，國政也。因治政以寄軍令，若有征伐，鄰國不知也。"有事則用之軍旅。是謂秉威。此政之當崇者四也。賞罰，政之柄也。明賞必罰，審信慎令。賞以勸善，罰以懲惡。人主不妄賞，非徒愛其財也，賞妄行則善不勸矣；不妄罰，非徒慎其刑也，罰妄行則惡不懲矣。賞不勸，謂之止善；賞及淫人，則善

① "拲"，遺編本和龍溪精舍本均作"拳"。
② "三"，原作"二"，據遺編本和龍溪精舍本改。

無所勸，而爲善者止矣。罰不懲，謂之縱惡。罰及吉人，則惡無所懲，而爲惡者縱矣。在上者能不止下爲善，不縱下爲惡，則國治矣。按《漢書》作“國法立矣”。是謂統法。此政之當崇者五也。四患既蠲，五政既《漢書》作“又”。立，行之以誠，守之以固，簡而不怠，疏而不失。《老子》曰：“天網恢恢，疏而不失。”無爲爲之，使自施之。無事事之，使自交之。《老子》曰：“爲無爲，事無事。”不肅而治，按《漢書》此下有“不嚴而化”一句。垂拱揖遜，《漢書》作“讓”。而海内平矣。是謂爲政之方也。

惟缺。六則以立道經：一曰中，二曰和，三曰正，四曰公，五曰誠，六曰通。以天道作中，以地道作和，以仁德作正，以事物作公，以身極作誠，以變數作通。《易傳》曰：“通其變。”又曰：“變則通。”是謂道實。

惟恤十難以任賢能：《周禮》注：“賢謂有德行者，能謂有道藝者。”一曰不知，二曰不進，有知而不能進者。三曰不任，有進而不能任者。四曰不終，有任而不能終者。五曰以小怨棄大德，六曰以小過黜大功，七曰以小失掩大美，八曰以奸訐傷忠正，九曰以邪説亂正度，十曰以讒嫉廢賢能。賢能所以不進、不任、不終者，不過以小怨、小過、小失、奸訐、邪説、讒嫉數端妨之而已，故歷言之以足十難。是謂十難。十難不除，則賢臣不用。用臣不賢，則國非其國也。

惟察九風以定國常：一曰治，二曰衰，三曰弱，四曰乖，五曰亂，六曰荒，七曰叛，八曰危，九曰亡。君臣親而有禮，百僚僚，官也。《書·皋陶謨》曰："百僚師師。"和而不同，讓而不爭，勤而不怨，無事惟職是司，皆言百僚。此治國之風也。如唐虞三代盛時，所謂治國之風。禮俗不一，教化不洽，不能大同。位職不重，小臣讒嫉，庶人作議，《論語》曰："天下有道，則庶人不議。"此衰國之風也。君好讓，一作"嫌"。臣好逸，士好游，民好流，萬民離散，不安其居，如水之流也。此弱國之風也。君臣爭名，朝廷爭功，士大夫爭名，庶人爭利，此乖國之風也。上多欲，下多端，法不定，政多門，不統于一。此亂國之風也。以侈爲博，以伉爲高，以濫爲通，遵禮謂之劬，守法謂之固，以遵禮者爲勞苦，以守法者爲執滯。此荒國之風也。以苛爲密，苛謂法令煩細。以利爲公，以割下爲能，以附上爲忠，此叛國之風也。上下相疏，内外相蒙，互相欺蔽。小臣爭寵，大臣爭權，當時如進、讓相謀，汜、傕相鬥之類也。此危國之風也。上不訪，下不諫，君無咨詢，臣無納忠。婦言用，政由房闥。私政行，此亡國之風也。故上必察乎國風也。

惟慎庶獄以昭人情。天地之大德曰生，《易·繫辭》文。萬物之大極曰死。《洪範》：六極，一曰凶短折。死者不可以生，刑者不可以復，漢文帝十三年，齊大倉令淳于公有罪當刑，其少女緹縈上書謂："死者不可復生，刑者不可復屬，雖欲改過自新，其道無繇也。"故先王之刑也，官師以成之，《周禮》："鄉士、遂士、縣士、方士各職聽于朝，司寇聽之，斷其獄，弊其訟于朝，群士司刑皆在，各麗其法，以議獄訟。獄訟成，士師受中。"所謂"官師以成之"也。棘槐以斷之，

《周禮》："朝士掌建邦外朝之法。左九棘，孤卿大夫位焉，群士在其後；右九棘，公侯伯子男位焉，群吏在其後；面三槐，三公位焉，州長衆庶在其後。左嘉石，平罷民焉；右肺石，達窮民焉。"又《王制》曰："成獄辭，史以獄成告于正，正聽之；正以獄成告于大司寇，大司寇聽之棘木之下；大司寇以獄之成告于王，王命三公參聽之；三公以獄之成告于王，王三宥，然後制刑。"所谓"棘槐以斷之"也。情訊以寬之，《周禮》："司刺掌三刺、三宥、三赦之法，以贊司寇聽獄訟。一刺曰訊群臣，再刺曰訊群吏，三刺曰訊萬民。一宥曰不識，再宥曰過失，三宥曰遺忘。一赦曰幼弱，再赦曰老耄，三赦曰蠢愚。以此三法者，求民情，斷民中，而施上服下服之罪，然後刑殺。"所谓"情訊以寬之"也。朝市以共之，《周禮》："掌囚，及刑殺，告刑于王，奉而適朝，士加明梏，以適市而刑殺之。"所谓"朝市以共之"也。矜哀以恤之，刑斯斷，樂不舉，施刑之日則弛縣。慎之至也。刑哉刑哉！其慎矣夫！

惟稽五赦以綏民中：一曰原心，心可矜也。二曰明德，德可釋也。三曰勸功，功可準也。四曰褒化，化所關也。五曰權計。權時之宜，非常典也。凡先王之攸赦，必是族也。非是族焉，刑茲無赦。族，類也，即《祭法》"非此族也，不在祀典"之族。

天子有四時，朝以聽政，晝以訪問，夕以修令，夜以安身。本公孫僑告叔向之言。杜氏曰："聽政，聽國政也。訪問，問可否也。修令，念所施也。"上有師傅，成王作《周官》，立太師、太傅、太保，茲惟三公，論道經邦，燮理陰陽，官不必備，惟其人。少師、少傅、少保曰三孤，貳公弘化，寅亮天地，弼予一人。班固曰："三公蓋參天子，坐而議政，無不總統，故不以一職爲官名。又立三少爲之副。”下有宴臣，大有按“有”當作“則”字。講業，小則咨詢，不拒直辭，不恥下問，公私不愆，外内不二。是謂有交。《易》曰：“上下交而其志同也。”

問明於治者其統近。俗本誤作“迫”。萬物之本在身，天下之本在家，治亂之本在左右，内正立而四表定矣。身修家齊而左右罔非正人，則内正立矣。四表，四外，猶言四方也。四方定則國治天下平矣。

問通於道者其守約。《孟子》曰：“守約而施博者，善道也。”有一言而可常行者，恕也。《論語》：“子貢問：‘一言而可以終身行之者乎？’子曰：‘其恕乎？’”有一行而可常履者，正也。恕者，仁之術也。《孟子》曰：“強恕而行，求仁莫近焉。”正者，義之要也。至哉！此謂道根，萬化存焉爾。仁義而天下之理得矣。是謂不思而得，不爲而成，執之胸心之間，而功覆天下也。守約施博。

自天子達於庶人，好惡哀樂，其修一也。豐約勞佚，各有其制。言上下情無不同，其貴豐而逸、賤約而勞者，分殊爾。上足以備禮，下足以備樂，夫是謂大道。天下國家一體也：君爲元首，臣爲股肱，《書》曰：“元首明哉！股肱良哉！”民爲手足。元首、股肱、手足，言一體。下有憂民，則上不盡樂；下有飢民，則上不備膳；下有寒民，則上不具服。徒跣而垂旒，非禮也。下民憂而上盡樂，下民饑而上備膳，下民寒而上具服，所謂“徒跣而垂旒”。故足寒傷心，民寒傷國。

問君以至美之道道民，民以至美之物養君。美道，五典之類。美物，五穀之類。君降其惠，民升其功，此無往不復，相報之義也。故太平備物，非極欲也；物損禮闕，年凶眚禮。非謙約也，其數云耳。

問人主。有公賦無私求，有公用無私費，有公役無私使，有公賜無私惠，有公怒無私怨。私求則下煩而無度，是謂傷清；私費費出無經。則官耗府庫空虚。而無限，是謂傷制；私使則民撓擾而無節，是謂傷義；義謂使民之義。私惠則下虚望而無準，是謂傷正；正謂賜予之正。私怨則下疑懼而不安，是謂傷德。

問："善治民者治其性也。或曰冶金而流，去火則剛；激水而升，舍之則降。惡平聲。乎治？"曰："不去其火則常流，激而不止則常升，金流水升，喻民治也。故大冶之爐可使無剛，《説文》曰："冶，消也。"又爐鑄謂之冶。《尸子》曰："蚩尤造九冶。"又鑄匠謂冶。踊水之機可使無降。《莊子》："子貢謂漢陰丈人曰：'有械於此，一日浸百畦，用力甚寡而見功多，夫子不欲乎？'爲圃者仰而視之，曰：'奈何？'曰：'鑿木爲機，後重前輕，挈水若抽，數如沃湯，其名爲槔。'"悦所謂"機"蓋是類也。善立教者若兹，則終身治矣。故凡器可使與顔、冉同趨。凡，常也。善立教者，愚可使賢。投百金於前，白刃加其身，雖巨跖弗敢掇也。利在前，刑在後，則畏而止矣。巨跖，《莊子》："柳下季之弟名曰盜跖，從卒九千人，横行天下，侵暴諸侯，穴室樞户，驅人牛馬，取人婦女。"善立法者若兹，則終身不掇矣。故跖可使與伯夷同功。"善立法者，貪可使廉。

問："民由水也？""濟大川者，太上乘舟，其次泅。泅，浮行水上也。泅者勞而危，乘舟者逸而安，虚入水既不乘舟，又不能泅，所謂"虚入水"也。則必溺矣。以知能治民者，泅也；以道德治民者，舟也。縱民之情謂之亂，絶民之情謂之荒。"上無道德，次無智能，所謂"亂"與"荒"也。曰："然則如之何？"曰："爲之限，使勿越也；不縱不絶，爲之界限，使不得逾分。爲之地，亦勿越。故水可使不濫，不可使無流。猶民可使不越，不可使無情欲也。善禁者，先禁其身而後人；不善禁者，先禁人而後身。善禁之至於不禁，上既正則民不禁自正。令亦如之。若乃肆情於身而繩欲於衆，行詐於官而矜實於民，求己之所有餘奪下之所不足，舍己之所易責人之所難，怨之本也，凡此皆所謂"先禁人而後身"者，不惟不能禁人，而民怨集矣。謂理之源斯絶矣。先禁其身者，理之源也。自上御下，猶夫釣者焉，隱於手，按"手"下當有"而"字。應於鈎，則可以得魚。自近御遠，猶夫御馬焉，和於手而調於銜，馬口勒也。則可以使馬。故至道之要，不於身非道也。睹孺子之驅雞也，而見御民之方。孺子驅雞者，急則驚，緩則滯。急，急驅之。緩，緩驅之。皆非所以驅雞也。悦之取喻，即其所謂"小人之情，緩則驕，驕則恣；急則怨，怨則畔"爾。方其北也，遽要之則折而過南；方其南也，遽要之則折而過北。迫則飛，疏則放，過南、過北、飛、放者，皆不循路入門也。志閒則比之，比，近也。俟雞志閒，然後近之，則不驚。流緩而不安則食之。食之則不滯。不驅之驅，驅之至者也。比之、食之，不驅之驅也。志安則循路而入門。”

太上不空市，其次不偷竊，其次不掠奪。上以功惠綏民，下以財力奉上，即悦所謂“君降其惠，民升其功”。是以上下相與。空市則民不與，民不與則爲巧詐而取之，謂之偷竊。偷竊則民備之，備之而不得，不得巧詐而取也。則暴迫而取之，謂之掠奪。民必交爭，則禍亂矣。

或曰：“聖王以天下爲樂。”曰：“否。聖王以天下爲憂，如帝堯存心天下，加志窮民，一民飢曰我飢之，一民寒曰我寒之，一民有罪曰我陷之是已。天下以聖王爲樂。如帝堯之世，天下太和，耕田鑿井，歌於擊壤，立我烝民，謡於康衢是已。凡主以天下爲樂，如履癸，瓊宫、瑶臺、肉山、脯林、酒池、糟堤以爲樂者是已。[①] 天下以凡主爲憂。如夏邑民曰“時日曷喪，予及汝偕亡”是已。聖王屈己以申天下之樂，屈己而憂。凡主申己以屈天下之憂。申己而樂。申天下之樂，故樂亦報之；民樂則聖王必享其樂。屈天下之憂，故憂亦及之。民憂則凡主必至於憂。天下之道也。”

治世所貴乎位者三：一曰達道於天下，二曰達惠於民，三曰達德於身。道非位不行，惠非位不降，德非位不顯，治世之所貴者，此也。衰世所貴乎位者三：一曰以貴高人，二曰以富奉身，三曰以報肆心。勢非位不隆，欲非位不厭，讎非位不報，衰世之所貴者，此也。治世之位，真位也。衰世之位，則生災矣。苟

① “糟”，原作“槽”，據遺編本和龍溪精舍本改。

高人，則必損之，災也；苟奉身，則必遺之，災也；苟肆心，則必否之，災也。

治世之臣所貴乎順者三：一曰心順，二曰職順，三曰道順。此下疑脱“衰世之臣所貴乎順者三：一曰體順，二曰辭順；三曰事順”二十二字。① 治世之順，真順也。衰世之順，生逆也。當作“則生逆”矣。體苟順則逆節，逆節則心不順矣。辭苟順則逆忠，② 逆忠則職不順矣。事苟順則逆道。逆道則道不順矣。高下失序則位輕，班級不固則位輕，漢爵有二十級。禄薄卑寵則位輕，官職屢改則位輕，遷轉煩瀆則位輕，黜陟不明則位輕，黜，退降也。陟，升進也。《舜典》曰：“三載考績，三考，黜陟幽明。”待臣不以禮則位輕。夫位輕而政重者，未之有也。聖人之大寶曰位，《易·繫辭》文。輕則喪吾寶也。

好惡之不行，其俗尚矣。嘉守節而輕狹陋，疾威福而尊權右，賤求欲而崇克濟，貴求己而榮華譽。萬物類是已。夫心與言，言與事，參相應也。好惡、毀譽、賞罰，参相福也。③ 六者有失，六者謂好惡、毀譽、賞罰。有失謂不能詢事考言、占外知内而謬施之。則實亂矣。守實者益榮，求己者益達，處幽者益明，然後民知本也。

---

① 《群書治要》卷四十六有此二十二字，其“二曰辭順”之“辭”較底本之“亂”，於意爲勝，據改。

② “辭”，原作“亂”，諸本均同，《群書治要》卷四十六作“辭”，於意爲勝，據改。

③ 盧校引《西京賦》李善注、《匡謬正俗》等爲據，認爲“福”當如徐鍇所言“從衣”，舊本均誤。

卷第二

漢潁川荀悦著　明吴郡黄省曾注

新安程榮校

時事第二

最凡有二十一首，其初二首，尚知、貴敦也。其二首有申重可舉者十有九事：一曰明考試，二曰公卿不拘爲郡，二千石不拘爲縣，三曰置上武之官，四曰議州牧，五曰生刑而死者但加肉刑，六曰德刑並用，七曰避讎有科，八曰議禄，九曰議專地，十曰議錢貨，十一曰約祀舉重，十二曰天人之應，十三曰月正聽朝，十四曰崇内教，十五曰備博士，十六曰至德要道，十七曰禁數赦令，十八曰正尚主之制，十九曰復外内注記者。

盤庚遷殷，革奢即約，盤庚，殷王名。自契至湯八遷，始居亳。自湯至盤庚五遷，乃陟河南，復湯故居，行湯之政，以具貝玉總貨寶爲戒，乃“革奢即約”之類。化而裁之，與時消息，衆寡盈虚，不常厥道，尚知、貴敦，古今之法也。民寡則用易足，土廣則物易生，事簡則業易定。厭亂則思治，創難則思靜。殷自中丁以來，廢適而更立諸弟，子或爭相代立。比九世亂，諸侯莫朝。

或曰："三皇民至敦也，其治至清也，天性乎？"曰："皇民敦，秦民弊，時也。皇、秦之時不同，故敦、弊不同。山民樸，市民玩，處也。山、市之處不同，故樸、玩不同。桀、紂不易民而亂，湯、武不易民而治，政也。桀紂、湯武之政不同，故治、亂不同。皇民寡，寡斯敦；三皇之時，烝庶鮮少，機智不生，所以至敦。皇治純，純斯清，三皇之治，無爲而化，繁苛不尚，所以至清。奚惟性？不求無益之物，不蓄難得之貨，節華麗之飾，退利進之路，則民俗清矣。簡小忌，去淫祀，絶奇怪，則妖僞息矣。致精誠，求諸已，正大事，則神明應矣。放邪説，去淫智，抑百家，諸子淆亂之言。崇聖典，則道義定矣。去浮華，舉功實，絶末伎，同本務，則事業修矣。"能盡五事，則民敦治清矣。此初二首所謂尚知、貴敦也。

誰毁誰譽，譽其有試者，萬事之概量也。孔子曰："吾之於人也，誰毁誰譽，如有所譽者，其有所試矣。"概，所以戛摩取平者。斗斛曰量。言考試品賢能之虚實，猶概量較米粟之多寡也。以兹舉者試其事，處斯職者考其績。詢事驗舉，省績察職。賞罰失實，① 以惡反之，人焉飾哉？語曰："盜跖不能盜田尺寸。"寸不可盜，

① "失"，原作"夫"，諸子集成本作"失"，於意爲勝，據改。

況尺乎？纖惡細善，不可闕掩。夫事驗，必若土田之張於野也，則爲私者寡矣。田布於野不可隱者，喻惡不可掩也。若亂之墜於澳也，則可信者解矣。[①] 亂，朱子曰："舟之截流横渡者。"澳，厓内近水之處。[②] 舟登於陸，不可信者，喻善不可僞也。故有事考功，有言考用，動則考行，静則考守。此一首所謂明考試也。

公卿不爲郡，二千石不爲縣，未是也。公謂三公，師、傅、保也。卿謂六卿，冢宰至司空也。郡謂郡守、郡尉。縣謂縣令、縣長也。班固曰："郡守，秦官，掌治其郡，秩二千石。郡尉，秦官，掌佐守典武職甲卒，秩比二千石。縣令、長，皆秦官，掌治其縣。萬户以上爲令，秩千石至六百石。減萬户爲長，秩五百石至三百石。"小能其職，以極登於大，故下俗本誤作"不"。位競；小職有登，則下位競修其業矣。大橈其任，以墜於下，故上位慎。大任有墜，則上位慎共其職矣。其鼎覆刑焉，何憚於降？《易·鼎》九四曰："鼎折足，覆公餗，其形渥，凶。"此言大臣廢壞國事，刑之尚可，何況降位。若夫千里之任不能充於郡，而縣邑之功廢，惜矣哉！不以過職絀則勿降，所以優賢也；以過職絀則降，所以懲愆也。此一首所謂公卿不拘爲郡，二千石不拘爲縣也。

孝武皇帝以四夷未賓，寇賊奸宄，初置武功賞官以寵戰士。大司農陳臧錢經用，賦税既竭，不足以奉戰士。有司請令民得買爵，

---

① "解"，諸本均同，疑"鮮"字形近而誤。
② "處"，原空，據遺編本和龍溪精舍本補入。

及贖禁錮，免臧罪；[①] 請置賞官，名曰武功爵，級十七萬，凡直三十餘萬金。諸買武功爵官首者試補吏，先除；千夫如五大夫；其有罪又減二等；爵得至樂卿，以顯軍功。按《茂陵中書》有武功爵，一級曰造士，二級曰閑輿衛，三級曰良士，四級曰元戎士，五級曰官首，六級曰秉鐸，七級曰千夫，八級曰樂卿，九級曰執戎，十級曰政戾庶長，十一級曰軍衛。此武帝所制，以寵軍功。若今依此科而崇其制，置尚武之官，以《司馬兵法》選位，秩比博士。齊將司馬穰苴撰《兵法》三卷。秩比博士，六百石也。講司馬之典，簡蒐狩之事，古者，中春教振旅，遂以蒐田；中夏教茇舍，遂以苗田；中秋教治兵，遂以獮田；中冬教大閱，遂以狩田。詳見《周禮》。掌軍功爵賞，小統於五校，校，俗本誤作"枚"。五校者，一曰屯騎，二曰越騎，三曰步兵，[②] 四曰長水，五曰射聲，俱掌宿衛兵，所謂"大駕鹵簿，五校在前"是也。大統於太尉。太尉，秦官，金印紫綬，掌武事。武帝建元二年省。元狩四年初置大司馬，以冠將軍之號。建武二十七年，復爲太尉。[③] 既周時務，禮亦宜之。周之末葉，兵革繁矣，莫亂於秦，民不荒殄。今國家忘戰日久，[④] 每寇難之作，民瘁幾盡。不教民戰，是謂棄之。信矣！孔子曰："以不教民戰，是謂棄之。"古者四時于田，所以教爾。此一首所謂置尚武之官也。

或問曰："州牧、刺史、監察御史三制孰優？"監御史，秦

---

① "臧"，遺編本和龍溪精舍本作"臟"。
② "三"，原作"二"，據遺編本和龍溪精舍本改。
③ "太"，原作"大"，据遺編本和龍溪精舍本改。
④ "今"，原作"令"，據遺編本和龍溪精舍本改。

官，掌監郡。漢興，省之。至惠帝三年，又遣御史監三輔郡，所察之事凡九條，監者二歲更之。其後諸州復置監察御史。文帝十三年，以御史不奉法，下失其職，乃遣丞相史出刺，① 并督察監御史。武帝元封元年，御史止不復監。至五年，乃置部刺史，掌奉詔六條察州，凡十二州焉。居部九歲，舉爲守相。成帝綏和元年，以爲刺史位下大夫而臨二千石，輕重不相準，乃更爲州牧，秩真二千石，位次九卿。建平二年，復爲刺史。元壽二年，復爲牧。建武十八年，復爲刺史，十二人各主一外州。舊以八月巡行所部，録囚徒，考殿最。初歲盡詣京师奏事，中興但因計吏，不復自詣京師，雖父母之喪，不得去職。或謂州府爲外臺，靈帝中平五年改刺史，惟置牧。是時天下方亂，多自九卿出領州牧，州牧之任自此重矣。曰："時制而已。"三制隨時所定。曰："天下不既定其牧乎?"曰："古諸侯建家國，世位權柄有焉，於是置諸侯之賢者以牧，總其紀綱而已，不統其政，不御其民。今郡縣無常，不若古諸侯之世位。權輕不固，不若古諸侯之權柄存。而州牧秉其權重，勢異於古，不若古諸侯之牧不統政御民。非所以強幹弱枝也，而無益治民之實。監察御史斯可也，言監御史愈於州牧。若權時之宜，則異論也。"此一首所謂議州牧也。

肉刑，古也。或曰："復之乎?"曰："古者人民盛焉，今也至寡。整衆以威，撫寡以寬，道也。復刑非務必也，生刑而極死者，復之可也。如斬右趾本生刑也，而改爲棄市，則極死矣。斯則斬右趾之刑，復之可也。自古肉刑之除也，斬右趾者死

① "史",原作"中",據遺編本和龍溪精舍本改。

也。惟復肉刑，是謂生死而息民。”孝文下令除肉刑，張蒼等立律曰：“諸當完者，完爲城旦舂；當黥者，髡鉗爲城旦舂；當劓者，笞三百；①當斬左趾者，笞五百；當斬右趾，及殺人先自告，及吏受賕枉法，守縣官財物而即盜之，已論命復有笞罪者，皆棄市。”是後外有輕刑之名，内實殺人。斬右趾者又當死，笞五百、三百率多死。至景帝更定棰令。此言肉刑極死者復之，則死者生而民生息矣。此一首所謂生刑而死者但加肉刑也。

問德刑並用。常典也，或先或後，時宜。或先德後刑，或先刑後德，隨時所宜。刑教不行，勢極也。常典不行，過亢耳。教初必簡，刑始必略，事漸也。創始欲民易從，宜於簡略。教化之隆，莫不興行，然後責備。簡者以漸而備。刑法之定，莫不避罪，然後求密。略者以漸而密。未可以備，謂之虛教；教化未隆，民不興行，而責備焉，是謂虛教也。未可以密，謂之峻刑。刑法未定，民不避罪，而求密焉，是謂峻刑也。② 虛教傷化，峻刑害民，君子弗由也。設必違之教，不量民力之未能，是招民於惡也，故謂之傷化。未可以備而責備，則教必違。設必犯之法，不度民情之不堪，是陷民於罪也，故謂之害民。未可以密而求密，則法必犯。莫不興行，則一毫之善可得而勸也，然後教備。民行修飭，則教備而不違。莫不避罪，則纖介之惡可得而禁也，然後刑密。民知

① “三”，原作“二”，遺編本和龍溪精舍本均作“三”，考《漢書・刑法志》作“三”，是，據改。

② “峻”，原作“浚”，據遺編本、龍溪精舍本及正文改。

畏罪，則法密而不犯。此一首所謂德刑並用也。

或問復讎。“古義也。”① 曰：“縱復讎可乎？”曰：“不可。”縱之則人將倚法專殺，亂滋生矣。曰：“然則如之何？”曰：“有縱有禁，有生有殺；弗避而報者無罪，所謂有縱、有生。避而報之殺，所謂有禁、有殺。制之以義，據《禮經》則義不同天。斷之以法，徵法令，則殺人者死。是謂義法並立。”曰：“何謂也？”曰：“依古復讎之科，使父讎避諸異州千里，兄弟之讎避諸異郡五百里，從父從兄弟之讎避諸異縣百里。《周禮·調人》：“凡和難，父之讎辟諸海外，兄弟之讎辟諸千里之外，從父兄弟之讎不同國。君之讎視父，師長之讎視兄弟，主友之讎視從父兄弟，弗辟則與之瑞節而以執之。凡殺人有反殺者，使邦國交讎之。凡殺人而義者，不同國，令勿讎，讎之則死。”此古復讎之科也。又《禮記》曰：“父之讎弗與共戴天，兄弟之讎不反兵，交游之讎不同國。”又：“子夏問於孔子曰：‘居父母之讎如之何？’夫子曰：‘寢苫枕干，不仕，弗與共天下也。遇諸市朝，不反兵而鬥。’曰：‘請問居昆弟之讎如之何？’曰：‘仕弗與共國，銜君命而使，雖遇之不鬥。’曰：‘請問居從父昆弟之讎如之何？’曰：‘不爲魁，主人能，則執兵而陪其後。’”按此異州乃九州之州。弗避而報者無罪，未辟之前，但知有復讎之義而已，故報者生之。避而報之殺。既辟之後，則有王禁在焉，故報者誅之。犯王禁者罪也，復讎者義也。以義報罪，從王制，順也；犯制，逆也：以逆順生殺之。凡以公命行止者，不爲弗避。”此一首所謂辟讎有科也。

---

① 盧校曰：“‘曰’字舊本皆脱。”以爲此句前当有“曰”字。

或問禄。曰："古之禄也備，其詳見《周禮》《孟子》《王制》。漢之禄也輕。漢制，禄秩自中二千石至百石，各有等差。夫禄必稱位，一物不稱，非制也。公禄貶則私利生，[1] 言月俸貶損則賄賂行矣。私利生則廉者匱而貪者豐也。[2] 潔白者窶貧，污墨者富羨。夫豐貪、生私、匱廉、貶公，是亂也。先王重之。"曰："禄可增乎？"曰："民家財愆，增之宜矣。"或曰："今禄如何？"今謂獻帝時。曰："時匱也。禄依食，食依民，參相澹。澹，古"贍"字，給也，即《漢書》"猶未足以澹其欲"及"以澹不足"之"澹"。此言民以給食，食以給禄，所謂參相贍也。必也正貪禄，黜污吏。省閒冗，汰羨官。與時消息，昭惠恤下，損益以度可也。"此一首所謂議禄也。

諸侯不專封，富人名田逾限，富過公侯，是自封也。大夫不專地，人賣買由己，是專地也。董仲舒説武帝曰："秦用商鞅之法，改帝王之制，除井田，民得賣買，富者田連阡陌，貧者亡立錐之地。又顓川澤之地，管山林之饒，荒淫越制，逾侈以相高；邑有人君之尊，里有公侯之富，小民安得不困？古井田法雖難卒行，宜少近古，限民名田，以澹不足。"至哀帝時，師丹建言："累世承平，豪富吏民訾數巨萬，而貧弱愈困，宜略爲限。"丞相孔光、大司空何武奏請："諸侯王、列侯皆得名田國中。列侯在長安，公主名田縣道，及關内侯、吏民名田皆毋過三十

---

① "禄"，原作"生"，據遺編本和龍溪精舍本改。

② "生"，原作"禄"，遺編本和龍溪精舍本均作"生"。盧校曰："'生'字，舊本作'禄'，誤。"錢校亦云"禄"字與"生"字互誤，故據盧校所言改。

頃。"時丁、傅用事，董賢隆貴，皆不便也。後遂寢不行。或曰："復井田與?"曰："否。專地非古也，井田非今也。"言專地固非隆古之典，而井田廢久，又非今所可行。"然則如之何?"曰："耕而勿有，以俟制度可也。"耕而勿有，不得賣買由己。以俟制度，不得逾限也。此一首所謂議專地也。

或問貨。曰："五銖之制宜矣。"太公爲周立九府圜法，錢圜函方，輕重以銖。至漢孝武元狩五年，初鑄五銖錢。至平帝元始中，成錢二百八十億萬餘。王莽居攝，變漢制，於是更造大錢，重十二銖，文曰"大錢五十"。① 又造契刀、錯刀，與五銖凡四品，並行。莽即真，乃罷契刀、錯刀及五銖，更造錢貨六品。而民便五銖，私相市買。莽下詔："敢非井田、挾五銖錢者爲惑衆，投諸四裔，以御魑魅。"於是農商失業，食貨俱廢。世祖受命，復五銖錢，與天下更始。觀此，則五銖之制宜便於民久矣。② 曰："今廢，如之何?"今謂獻帝時。廢者，初平元年董卓壞五銖錢更鑄小錢是也。曰："海内既平，行之而已。"言卓既誅，此制宜復。曰："錢散矣，京畿一作"甸"。虚矣，其勢必積於遠方。若果行之，則彼以無用之錢市吾有用之物，是匱近而豐遠也。"曰散，曰虚，曰積，曰無用之錢，皆言五銖。彼，謂遠方也。曰："事勢有不得。官之所急者，穀也。牛馬之禁，不得出百里之外。若其他物，彼以其錢取之於左，用之於右，貿遷有無，周而通之，海内一家，何患焉?"言五穀不得及遠，他物以五銖貿

① "文"，原作"又"，據遺編本和龍溪精舍本改。

② 此句"民"與"久"之間本空一格，遺編本和龍溪精舍本銜接，從之。

遷，不足以匱近，爲患也。曰："錢寡矣。"曰："錢寡，民易矣。若錢既通而不周於用，然後官鑄而補之。"言五銖由廢故易，由易故寡。不足，官鑄以贍可也。或曰："收民之藏錢者，輸之官，收遠輸之京師，① 然後行之。"曰："事枉而難實者，欺慢必衆，奸僞必作，爭訟必繁，刑殺必深，吁嗟紛擾之聲章乎天下矣！非所以撫遺民、成緝熙也。"此言遠收五銖於京師而後行之騷動不可。曰："然則收而積之與？"曰："通市其可也。"此言收五銖積貯亦不可。或曰："改鑄四銖？"曰："難矣。"此言改鑄四銖以復孝文之舊亦不可。或曰："遂廢之？"曰："錢實便於事用，民樂行之，禁之難。今開難令以絶便事，禁民所樂，不茂矣。"此言廢五銖以絶民所便禁民所樂亦不可。曰："起而行之，錢不可，如之何？"曰："尚之廢之，弗得已，何憂焉？"言或尚或廢，其勢自有所不得已者。蓋民便五銖，不得而終廢之，不憂其不行也。厥後曹操爲相，還用五銖。悦之言驗矣。此一首所謂議錢貨也。

聖王先成民而後致力於神。《東觀書》：詔："傳曰：'聖王先成民而後致力於神。'"民事未定，謂有日月水旱癘疫之災。郡祀有闕，不爲尤矣。必也舉其重而祀之，望祀五岳、四瀆。其神之祀，縣有舊常。五岳，岱、衡、華、恒、嵩也。四瀆，江、河、淮、濟也。按漢制，岱宗廟在博縣西北三十里，山虞長守之。十月日合凍，臘

① "收"，原作"牧"，遺編本同，龍溪精舍本作"收"。盧校曰："'收'字，舊本作'牧'，誤。"錢校亦據之改。聯繫下文黄注"此言遠收五銖於京師"云云，作"收"是，故改。

月日涸凍，正月日解凍，皆太守自侍祠。法七十萬五千三牲，燔柴，上福脯三十朐，縣次傳送京師。衡廟在廬江灊縣，華廟在弘農華陰縣，恒廟在中山上曲陽縣，嵩廟在潁川陽成縣，皆同禮。河廟在河南滎陽縣。河堤謁者掌四瀆，禮祠與五岳同。江廟在廣陵江都縣，淮廟在平氏縣，濟廟在東郡臨邑縣。所謂"其神之祀，縣有舊常"也。若今郡祀之，而其祀禮物，從鮮可也。言岳、瀆之祀，雖曰縣有常典，但民事未定，望祀可也。若必郡祀，則禮物宜從省略。禮重本，示民不偷，且昭典物，其備物以豐年。日月之災降異，非舊也。此一首所謂約祀舉重也。

天人之應，所由來漸矣，故履霜堅冰，非一時也；《坤》初六曰："履霜堅冰至。"仲尼之禱，非一朝也。且日食行事，或稠或曠，一年二交，非其常也。《洪範傳》云"六沴作見"，若是王都未見之，① 無聞焉爾。官修其方，而先王之禮，保章視祲，安宅叙降，必書雲物，爲備故也。《周禮》：保章氏掌天星，以志星辰、日月之變動，以觀天下之遷，辨其吉凶。以星土辨九州之地，所封封域皆有分星，以觀妖祥。以十有二歲之相，觀天下之妖祥。以五雲之物，辨吉凶、水旱，降豐荒之祲象。以十有二風，察天地之和，命乖別之妖祥。凡此五物者，以詔救政，訪序事。又視祲掌十煇之法，以觀妖祥，辨吉凶。一曰祲，二曰象，三曰鐫，四曰監，五曰闇，六曰瞢，七曰彌，八曰叙，九曰隮，十曰想，掌安宅叙降。鄭氏曰："宅，居也。降，下也。人見妖祥則不安，主安其居處也。次序其凶禍所下，謂禳移之。"②

---

① 盧校曰："共御，舊本作'王都'，誤。今據《尚書大傳》改正。"

② 原"下""謂"互乙，據遺編本和龍溪精舍本改。

太史上事無隱焉，勿寢可也。《百官志》：太史令掌天時星曆，凡歲將終，奏新年曆。凡國祭祀喪娶，掌奏良日及時節禁忌。凡國有瑞應災異，掌記之。靈臺丞掌守靈臺，候日月星氣，屬太史。《漢官》曰："靈臺待詔四十二人，其十四人候星，二人候日，三人候風，十二人候氣，三人候晷景，七人候鍾律，一人舍人。"此一首所謂天人之應也。

天子南面聽天下，向明而治，蓋取諸《離》。《易・繫辭》：離也者，明也，萬物皆相見，南方之卦也，聖人南面而聽天下，向明而治，蓋取諸此也。天之道也，月正聽朝，國家之大事也，《禮儀志》：每月朔歲首，爲大朝受賀。其儀：夜漏未盡七刻，鐘鳴，受賀。及贄，公、侯璧，中二千石、二千石羔，① 千石、六百石雁，四百石以下雉。百官賀正月，二千石以上上殿稱萬歲，舉觴御坐前，司空奉羹，大司農奉飯，奏食舉樂。百官受賜宴享，大作樂。其每朔，唯十月旦從故事者，高祖定秦之月，元年歲首也。宜正其儀，以明舊典。《漢舊儀》：公卿以下每月常朝，後以頻省。唯六月、十月朔。後復以六月盛暑省之。其儀不舉久矣。此一首所謂月正聽朝也。

古有掌陰陽之禮之官，② 以教後宮。《周禮》：内宰以陰禮教六宫，以陰禮教九嬪，以婦職之法教九御。掌婦學之法，婦德、婦言、按此當有"婦容"二字。婦功。《周禮》：九嬪掌婦學之法，以教九御。婦德、婦言、婦容、婦功，各師其屬，而以時御敘于王所。鄭氏曰："婦德謂貞順，婦言謂辭令，婦容謂婉娩，婦功謂絲枲也。"各率其屬而

① "羔"，原作"恙"，據遺編本和龍溪精舍本改。

② 盧校以爲"陽之"二字係誤衍。

以時御序于王，先王禮也。宜崇其教，以先内政，覽列圖，誦列傳，遵典行。内史執其彤管，記善書過，考行黜陟，以章好惡。男女正位乎内外，正家而天下定矣。《易·家人》曰："女正位乎内，男正位乎外。男女正，天下之大義也。"又曰："正家而天下定矣。"故二儀立而大業成。君子之道匪闕，終日造次必於是。此一首所謂崇内教也。

備博士，博士，秦官，掌通古今。武帝建元初，置五經博士。黄龍初，稍增員十二人。《後漢·百官志》：博士祭酒一人，博士十四人：掌《易》四，施、孟、梁丘、京氏；《尚書》三，歐陽、大小夏侯氏；《詩》三，魯、齊、韓氏；《禮》二，大小戴氏；《春秋》二，《公羊》嚴、顔氏。掌教弟子。國有疑事，掌承問對。廣太學，辟雍也。而祀孔子焉，禮也。仲尼作經，本一而已，古今文不同，而皆自謂真本經。各謂真傳。古今先師，義一而已，異家别説不同，而皆自謂古今。此處有誤。仲尼邈而靡質，大聖已逝，經無所質。昔先師殁而無聞，[①]老師已喪，義無所聞。[②]將誰使折之者？秦之滅學也，書藏於屋壁，義絶於朝野。孔安國《書序》：秦始皇滅先代典籍，焚書坑儒，天下學士逃難解散，我先人用藏其家書于屋壁。逮至漢興，收摭散滯，固已無全學矣。《藝文志》：漢興，大收篇籍，廣開獻書之

① 錢校曰："黄注本於'今'字絶句，注云'此處有誤'。案疑'古'字下有脱字，而'今'字當屬下爲句，謂今世無仲尼也，'今仲尼'與'昔先師'爲對。"

② 正文與注文之"聞"，原作"間"，遺編本同，龍溪精舍本作"聞"，於意爲勝，據改。

路。迄孝武世，書缺簡脱，禮壞樂崩。文有磨滅，言有楚夏，出有先後。如文帝時，伏生口誦《尚書》以授晁錯，僅得二十九篇。至魯恭王壞孔子宅，得所藏科斗文字，定其可知者，增多伏生二十五篇。此"出有先後"之類也。或學者先意有所借定，無所徵據，臆見損益。後進相放，彌以滋蔓。故一源十流，天水違行，而訟者紛如也。《易·訟》曰："天與水違行。"此以天上水下相違而行，喻學者所傳背戾互相爭是也。執不俱是，比而論之，必有可參者焉。此一首所謂備博士也。

或曰："至德要道約爾，典籍甚富，如而博之以求約也？"①"語有之曰：'有鳥將來，張羅待之。'得鳥者一目也，今爲一目之羅，無時得鳥矣。鳥，喻道。羅，喻典籍。道雖要也，非博無以通矣。孟子曰："博學而詳説之，將以反説約也。"博其方，約其説。"此一首所謂至德要道也。

赦令，權也。謂凶荒流離、盜賊垢污之後，不得已而行者。或曰："有制乎？"曰："權無制。制其義，不制其事。《巽》以行權，《易·繫辭》文。義制也。權者反經，無事也。"問其象。曰："無妄之災，大過，凶其象矣，不得已而行之，禁其屢也。"初平元年春正月，山東州郡起兵以討董卓。辛亥，大赦天下。二年春正月辛丑，大赦天下。三年春正月丁丑，大赦天下。五月丁酉，大赦天下。卓誅部將李傕等，六月陷長安。己未，大赦天下。四年春丁卯，大赦

① 盧校曰："'如而'二字疑当作'如何'，又下当有'曰'字。"

天下。興平元年春正月辛酉，大赦天下。二年春正月癸丑，大赦天下。建安元年春正月癸酉，郊祀上帝於安邑，大赦天下。丁丑，郊祀上帝，大赦天下。初平至此凡七年，而大赦者十，可謂數甚，故悦以此規之。曰："絶之乎？"曰："權曰宜，[①] 弗之絶也。"既曰權宜，著非常典。此一首所謂禁數赦令也。

尚主之制非古也。釐降二女，陶唐之典。《堯典》曰："釐降二女於媯汭，嬪於虞。"歸妹元吉，帝乙之訓。《易·泰》九五曰："帝乙歸妹，以祉元吉。"王姬歸齊，宗周之禮。《詩序》曰："雖則王姬，亦下嫁于諸侯。"以陰乘陽違天，以婦凌夫違人。違天不祥，違人不義。悦之叔父荀爽於延熹九年對策陳便宜，以漢承秦法，設尚主之儀，以妻制夫，以卑臨尊，違乾坤之道，失陽唱之義，宜改尚主之制。今悦復以爲言，殆其家門素所商講者乎？此一首所謂正尚主之制也。

古者，天子諸侯有事必告于廟。朝有二史，左史記言，右史記動。按《漢書》作"事"字。《玉藻》曰："卒食，玄端而居，動則左史書之，言則右史書之。"動爲《春秋》，《春秋》記事。言爲《尚書》。《尚書》記言。君舉必記，臧否按《漢書》作"善惡"。成敗，無不存焉。下及士庶，等各有異，按《漢書》作"苟有茂異"。咸在載籍。或欲顯而不得，或欲隱而名章，紀以至公。得失一朝而榮辱千載。善人勸焉，淫人懼焉，故先王重之，以

① 盧校曰："'曰權'下，舊本又有一'曰'字，係誤衍。"

嗣賞罰，[1] 以輔法教。宜於令者，官以其日，[2] 各書其盡，則集之於尚書。[3] 按《漢書》作“宜於今者備置史官，掌其典文，紀其行事，每於歲盡，舉之尚書”，則此上下必有脱誤。若史官使掌典其事，不書詭常，爲善惡則書，言行足以爲法式則書，立功事則書，兵戎動衆則書，四夷朝獻則書，皇后、貴人、太子拜立則書，光武置貴人，爲三夫人。公主、大臣拜免則書，福淫禍亂則書，祥瑞災異則書。先帝故事有《起居注》，漢時有禁中起居，故明德馬皇后自撰《顯宗起居注》。日用動静之節必書焉。宜復其式，内史掌之，以紀内事。此一首所謂復内外注記者也。

---

① 盧校曰：“‘副’字舊本作‘嗣’，誤。”以爲當據《北堂書鈔》所引改正。此字底本和遺編本同作“嗣”，龍溪精舍本作“副”。

② “令”，遺編本和龍溪精舍本均作“今”。盧校亦引《漢書》句，以爲當作“今”。錢校以爲“日”當據《群書治要》改爲“方”。

③ 《群書治要》卷四十六作“各書其事，歲盡則集之於尚書”，於意爲長。

卷第三

漢潁川荀悦著　明吴郡黄省曾注

新安程榮校

俗嫌第三

或問卜筮。曰："德斯益，否斯損。"曰："何謂也?""吉而濟，凶而救之，謂益；吉而恃，凶而怠之，謂損。"吉、凶謂兆數之所值。言修德則足以協吉而消凶，否則反是。

或問日時群忌。[1] 曰："此天地之數也，非吉凶所生也。東方主生，死者不鮮；西方主殺，生者不寡；南方火也，居之不燋；北方水也，蹈之不沈。漢時，俗有方忌，如西益宅謂之不祥，必有死亡；商家門不宜南向，徵家門不宜北向之類是也。故甲子昧爽，殷滅周興；《武成》曰："甲子昧爽，受率其旅若林，會于牧野。

---

① "日"，底本和遺編本均作"曰"，龍溪精舍本作"日"。盧校以"曰"爲誤，錢校同之。據改。

罔有敵於我師，前徒倒戈，攻於後以北，血流漂杵。一戎衣，天下大定。”所謂殷以甲子滅，周以甲子興也。言支干不足忌矣。咸陽之地，秦亡漢隆。”秦都關中，二世而亡；漢遷長安，歷年四百。言相地家不足信矣。

或問：“五三之位，周應也；五三，五星三辰，辰星、熒惑、太白、歲星、填星、日、月、斗也。《志》所謂“周師初發，歲在鶉火，日在析木，月在天駟，辰在斗柄，星在天黿”是也。《春秋元命苞》曰：“殷紂之時，五星聚於房。房者，蒼神之精，周據而興。”龍虎“虎”當作“尾”。之會，晋祥也。”晋獻公問於卜偃曰：“攻虢何月也?”曰：“童謡有之曰：‘丙之晨，龍尾伏辰，均服振振，取虢之旗。鶉之賁賁，天策焞焞，火中成軍，虢公其奔。’火中而旦，其九月十月之交乎?”韋氏解曰：“丙，丙子。晨，蚤朝也。龍尾，尾星也。伏，隱也。辰，日月之交會也。魯僖五年冬，[①] 周十二月、夏十月丙子朔之朝，日在尾，月在天策也。伏辰，辰在龍尾，隱而未見也。鶉，鶉火，鳥星也。賁賁，鶉火星貌也。天策，尾上一星名曰天策，一名傅説。焞焞，近日月之貌也。火，鶉火也。中，晨中也。成軍，軍有成功也。傳曰：‘冬十二月丙子朔，晋滅虢，虢公醜奔京師。’”曰：“官府設陳，富貴者值之，布衣寓焉，不符其爵也。獄犴若居，有罪者觸之，貞良入焉，不受其罰也。”布衣，無位者。貞良，無罪者。言布衣而寓官府，則爵不符；貞良而入獄犴，則罰不受，以喻周應、晋祥惟武王、獻公能當之也。或曰：“然則

① “冬”,原作“東”,據遺編本和龍溪精舍本改。

日月可廢歟?”曰:“否。曰元辰,[①] 先王所用也。辰謂日月所會,自玄枵至星紀是也。《周禮》馮相氏掌十有二歲,十有二月,十有二辰。人承天地,故動静焉順,順其陰陽,順其日辰,順其度數。内有順實,外有順文,文實順,理也,休徵之符自然應也。故盜泉、朝歌,孔、墨不由,《尸子》曰:“孔子過於盜泉,渴矣,而不飲,惡其名也。”劉向曰:“邑號朝歌,墨子回車。”惡其名者,順其心也。苟無其實,徼福於忌,斯成難也。”

或曰:“祈請者誠以接神,自然應也。祈請,求禱也,如祈年、祈子孫、請雨、請福之類。《周禮》太祝掌六祈,以同鬼神示。故精以底之,犧牲玉帛以昭祈請,吉朔以通之。[②] 禮云禮云,玉帛云乎哉?請云祈云,酒膳云乎哉?非其禮則或愆,非其請則不應。”

或問祈請可否。曰:“氣物應感則可,性命自然則否。”應感,如土龍致雨之類。

或問:“避疾厄,有諸?”曰:“夫疾厄何爲者也?非身則神。身不可避,身寓宇宙,避將焉之?神不可逃,神寓形骸,逃將焉之?可避非身,可逃非神也。持身隨天,萬里不逸。譬諸孺子掩目巨夫之掖,而曰逃,可乎?”

或問人形有相。曰:“蓋有之焉。夫神氣、形容之相包

---

① 盧校改爲“元日元辰”,曰:“‘日’字,舊本作‘曰’,誤。”

② 此段盧校以爲當據《北堂書鈔》九十所引改作:“或問:‘神何以格?’曰:‘一誠所感,自然應也。故精神以底之,犧牲玉帛以昭之,禱祈告訴以通之。’”

也，自然矣。貳之於行，參之於時，相成也，亦參相敗也。行謂修德、爲邪，時謂亨期、厄會，所以應人骨體之善惡者。其數衆矣，其變多矣，亦有上中下品云爾。”

或問神仙之術。曰：“誕哉！末之也已矣！言名生實死，誕妄不足信也。聖人弗學，楊雄曰：“聖人不師仙。”非惡生也。終始，運也；終，死。始，生。《易·繫辭》曰：“原始反終，故知死生之説。”楊雄曰：“有生者必有死，有始者必有終，自然之道也。”短長，數也。短長謂年之夭壽。運數非人力之爲也。”曰：“亦有仙人乎？”曰：“僬僥、桂莽産乎異俗，《海外南經》：僬僥國在三首國東。《外傳》云：“僬僥民長三尺，短之至也。”《詩含神霧》曰：“從中州以東西四十萬里得僬僥國，人長一尺五寸也。”《大荒南經》：有小人名曰僬僥之國。《史記》：仲尼曰：“僬僥氏三尺，短之至也。”就有仙人，亦殊類矣。”

或問：“有數百歲人乎？”曰：“力稱烏獲，烏獲，秦武王力士。捷言羌亥，羌亥，疑“豎亥”之誤。① 勇期賁、育，孟賁，齊人，能生拔牛角。夏育，衛人。聖云仲尼，壽稱彭祖，以四者況壽，言壽中俊傑有彭祖也。《列仙傳》：彭祖者，殷大夫，姓籛名鏗，帝顓頊之孫，陸終氏之中子。歷夏至殷末，八百餘歲，常食桂芝，善導引行氣。物有俊傑，不可誣也。”

或問凡壽者必有道，非習之功。曰：“夫惟壽，則惟能用

---

① 盧校曰：“案‘羌’古與‘慶’同音，此謂慶忌也。亥謂章、亥。”

道；惟能用道，[1] 則性壽矣。苟非其性也，修不至也。學必至聖，可以盡性；壽必用道，所以盡命。”

或曰：“人有自變化而仙者，信乎？”曰：“未之前聞也。然則異也，異謂怪異。非仙也。男化爲女者有矣，死人復生者有矣。獻帝興平七年，越巂男子化爲女子。四年，武陵女子死十四日復活。《續漢志》曰：“女子李娥年六十餘死，瘞於城中。有行人聞冢中有聲，告家人，出之。”此二事悦在興平中所親聞見者。夫豈人之性哉？氣數不存焉。”

或問曰：“有養性乎？”曰：“養性秉中和，守之以生而已。愛親、愛德、愛力、愛神之謂嗇。《老子》：治人事天莫如嗇。夫惟嗇，是以早復，是謂深根固柢，長生久視之道。否則不宣，過則不淡，故君子節宣其氣，勿使有所壅閉滯底，昏亂百度則生疾。宣，散也。壅，外壅。閉，内閉。底，亦滯也，謂血氣集滯也。百度，百事之節。《左傳》曰：“於是乎節宣其氣，勿使有所壅閉。湫底以露其體，兹心不爽而昏亂百度。今無乃壹之，則生疾矣。”故喜怒、哀樂、思慮必得其中，所以養神也。寒暄、虚盈、消息必得其中，所以養體也。善治氣者，由禹之治水也。若夫導引蓄氣，歷藏内視，《内經·異法方宜論》曰：“中央者，其治宜導引按蹻。”導引，謂摇筋骨、動支節也。過則失中，可以治疾，皆非養性之聖術也。夫屈者以乎申也，蓄者以乎虚也，内者以乎外也。屈謂導

① 錢校曰：“二‘惟’字疑並當作‘性’。”

引，蓄謂蓄氣，内謂内視，以申有屈，以虛有蓄，以外有内。氣宜宣而遏之，體宜調而矯之，神宜平而抑之，必有失和者矣。夫善養性者無常術，得其和而已矣。宣其氣，調其體，平其神，則得其和矣。鄰臍二寸謂之關，《黄庭外景經》曰："上有黄庭下關元，後有幽闕前命門，呼吸廬間入丹田。"解云："關元在臍下三寸，元陽之命在其前，懸精如鏡明照一身，不休是道。"關者，所以關藏呼吸之氣，以禀授四體也。氣出爲呼，氣入爲吸。故氣長者以關息，氣短者其息稍升，其脈稍促，其神稍越，至於以肩息而氣舒；《莊子》曰："真人之息也以踵，衆人之息以喉。"其神稍專，至於以關息而氣衍矣。故道者常致氣於關，是謂要術。凡陽氣生養，陽氣者，天氣、生氣也。《生氣通天論》曰："陽氣者，若天與日，失其所則摺壽而不彰。"又曰："陽氣者，一日而主外，平旦人氣生，日中而陽氣隆，日西而陽氣已虛，氣門乃閉。"陰氣消殺。和喜之徒，其氣陽也，故養性者崇其陽而絀其陰。陽極則亢，陰結則凝；亢則有悔，凝則有凶。夫物不能爲春，故候天春而生。人則不然，存吾春而已矣。存吾春，謂順養其生氣也。藥者，療也，療，治也。所以治疾也。無疾，則勿藥可也。肉不勝食氣，況於藥乎？《論語》：肉雖多，不使勝食氣。寒斯熱，熱則致滯陰。藥之用也，唯適其宜則不爲害。若已氣平也，則必有傷。唯針火亦如之。針謂九針。火謂灸柄也。故養性者不多服也，唯在乎節之而已矣。"

或問："仁者壽，何謂也？"《論語》：知者樂，仁者壽。曰：

“仁者内不傷性，外不傷物，上不違天，下不違人，處正居中，形神以和，故咎徵不至咎徵，惡行之驗。而休嘉集之，壽之術也。”曰：“顔、冉何?”顔回子淵，年三十二蚤死。冉耕伯牛，有惡疾而卒。楊雄曰：“回、牛之行德矣，曷壽之不益也?”亦同此意。曰：“命也。麥不終夏，花不濟春，如和氣何？言麥雖不逾夏而秀，花雖不越春而榮，其如和氣之保合何？雖云其短，長亦在其中矣。”言顔、冉歲齡雖短，而天和不害，無殘賊致夭之行，故曰“長亦在其中矣”，則知君子不以壽夭爲慮，而當務修德爲要也。

或問黄白之儔。《抱朴子》曰：“《神仙經》黄白之方二十五卷，千有餘首。黄者，金也。白者，銀也。古人秘重其道，不欲指斥，故隱之云爾。”按秦李少君言丹砂可化爲黄金，卒無驗，病死。漢宣時，劉更生言黄金可成，上令典尚方鑄作事，費甚多，方不驗。毋怪乎世人疑爲虚誕也。曰：“傅毅論之當也。傅毅，字武仲，肅宗時與班固、賈逵共典校書。考其傳，無論黄白之説，意亡矣。燔埴爲瓦則可，埴，黏土也。爍瓦爲銅則不可。以自然驗於不然，詭哉！敵犬羊之肉以造馬牛，不幾矣。不其然歟?”丹砂爲金，河車作銀，非同類矣。

世稱緯書仲尼之作也。世之説者謂孔子既叙六經，以明天人之道，知後世不能稽同其意，故别立緯及讖以遺來世。光武之世，篤信斯術，學者風靡，是以桓譚、張衡輩常發其虚僞矣。臣悦叔父故司空爽辨之，蓋發其僞也。爽，字慈明。董卓輔政，徵之。爽欲遁命，吏持之急，不得去，因復就拜平原相。行至宛陵，復追爲光禄勛。視事三日，進拜司空。爽見董卓忍暴滋甚，必危社稷。其所辟舉皆取才略之士，將共圖之。亦與司徒王允及卓長史何顒等爲内謀。會病薨。常著《禮》《易傳》《詩傳》《尚書正經》《春秋條例》《公羊問》《辨讖》等篇。按爽父淑有子八人：儉、緄、靖、燾、汪、爽、肅、專，而悦則儉之子，故爽於悦爲叔父。所謂《辨讖》，即其發僞之書也。有起於中興之前，終張之徒之作乎？起於哀、平。或曰："雜。"曰："以己雜仲尼乎？以仲尼雜己乎？若彼者，以仲尼雜己而已。然則可謂八十一首非仲尼之作矣。"緯書有《河圖》九篇，《洛書》六篇，云自黄帝至周文王所受本文。又别有三十篇，云自初起至于孔子，九聖之所增演，以廣其意。又有《七經緯》三十六篇，並云孔子所作，并前合爲八十一篇。或曰："燔諸？"曰："仲尼之作則否，有取焉則可，曷其燔？有取，如劉彦和所謂羲、農、軒、皞之源，山瀆鍾律之要，白魚赤烏之符，黄金紫玉之瑞，事豐辭富，無益經典而有助文章之類是也。在上者不受虚言，不聽浮術，不采華名，不興僞事，言必有用，術必有典，名必有實，事必有功。"有用，謂不虚。有典，謂不浮。有實，謂不華。有功，謂不僞。在上者如是，則緯候鈎讖之説無所肆其矯誕矣。

卷第四

漢潁川荀悦著　明吴郡黄省曾注

新安程榮校

雜言上第四

或問曰："君子曷敦乎學？"敦，勉也。曰："生而知之者寡矣，學而知之者衆矣。① 悠悠之民，泄泄之士，明明之治，汶汶之亂，皆學廢興之由。敦之不亦宜乎？"《詩·板》曰："天之方蹶，無然泄泄。"《大明》曰："明明在下。"

君子有三鑒：世、人、鏡鑒。烝庶但知鏡鑒而已。前惟順，人惟賢，鏡惟明。此君子之三鑒。夏商之衰，不鑒於禹湯也；桀、紂不以前鑒。周秦之弊，不鑒於民下也；幽、厲、政、亥不以人鑒。側弁垢顔，不鑒於明鏡也。此則不以鏡鑒。側，傾也。弁者，

① "衆"，底本、遺編本和龍溪精舍本均作"寡"。盧校曰："'衆'字，舊本作'寡'，誤。"錢校同之。據改。

冠之大名。《詩・賓之初筵》曰："側弁之俄。"故君子惟鑒之務。務於前鑒、人鑒。若夫側景之鏡，亡鑒矣。但知鏡鑒，是爲無鑒。

或問："致治之要，君乎?"曰："兩立哉！天無獨運，君無獨理。非天地不生物，非君臣不成治。首之者，天地也；統之者，君臣也哉！先王之道致訓焉，故亡斯須之間而違道矣。昔有上致聖，由教戒，因輔弼，欽順四鄰，故檢柙之臣不虚於側，檢柙，猶法度也。言法度之臣常充左右也。禮度之典不曠於目，先哲之言不輟於身，[①] 非義之道不宣於心，是邪僻之氣末由入也。缺一字。有間缺一字。[②] 必有入之者矣。是故僻志萌則僻事作，生於其心，害於其政。僻事作則正塞，正塞則公正亦末由入也矣。不任不愛謂之公，惟公是從謂之明。齊桓公中材也，末能成功業，由有異焉者矣。妾媵盈宫，非無愛幸也；群臣盈朝，非無親近也。然外則管仲射己，雍林人殺無知，高、國先陰召小白於莒。魯聞無知死，亦發兵送公子糾，而使管仲别將兵遮莒道，射中小白帶鈎。小白佯死，先入齊，高傒立之，是爲桓公。衛姬色衰，[③] 桓公好内，多内寵，如夫人者六人，長衛姬、少衛姬、鄭姬、葛嬴、潘密姬、宋華子也。非愛也，任之也。言桓公非親昵管仲，欲其擔寄國事也。然後知非賢不可任，非智不可從也。夫此之舉弘

① "身"，底本和遺編本同，龍溪精舍本作"耳"。盧校曰："'耳'字舊本作'身'，誤。"

② 盧校曰："黄氏疑'有間'上下皆缺一字，今案無缺。"

③ "衰"，底本、遺編本和龍溪精舍本均作"妾"，據《群書治要》卷四十六改。錢校又以爲當依上句例補入"内則"二字。

矣哉！膏肓純白，[①] 心下爲膏。肓，鬲也。二豎不生，兹謂心寧。省闥清淨，嬖孽不生，兹謂政平。夫膏肓近心而處阨，針之不遠，遠，當作“達”。藥之不中，攻之不可，二豎藏焉，是謂篤患。晋侯疾病，求醫于秦。秦伯使醫緩爲之。未至，公夢疾爲二豎子，曰：“彼良醫也，懼傷我，焉逃之？”其一曰：“居肓之上，膏之下，若我何？”醫至，曰：“疾不可爲也。在肓之上，膏之下，攻之不可，達之不及，藥不至焉，不可爲也。”故治身治國者，唯是之畏。”身畏二豎，國畏嬖孽。

或曰：“愛民如子，仁之至乎？”曰：“未也。”曰：“愛民如身，仁之至乎？”曰：“未也。湯禱桑林，湯時，大旱七年。太史占之，[②] 曰：“當以人禱。”湯曰：“吾所爲請雨者，民也。若以人禱，吾請自當。”遂齋戒，翦髮斷爪，素車白馬，身嬰白茅，以身爲犧，禱于桑林之野。邾遷于繹，邾文公卜遷于繹，史曰：“利於民而不利於君。”邾子曰：“苟利於民，孤之利也。天生民而樹之君，以利之也。民既利矣，孤必與焉。”左右曰：“命可長也，君何弗爲？”邾子曰：“命在養民。死之短長，時也。民苟利矣，遷也，吉莫如之！”遂遷于繹。五月，邾文公卒。景祠于旱，齊大旱，景公卜之，祟在高山廣水，欲祠靈山、河伯以禱。晏子曰：“祠之無益。君誠避宫殿暴露，與靈山、河伯共憂，其幸而雨乎？”於是景公出野，暴露三日，天果大雨，民盡得種樹。可謂愛民矣。”如

① “肓”，底本和遺編本此處及下數處均作“盲”，龍溪精舍本並作“肓”。盧校曰：“‘肓’字舊本作‘盲’，誤。下同。”據改。錢校又以爲當據《群書治要》於此處另作一段。

② “占”，原作“古”，據遺編本和龍溪精舍本改。

子，與子等耳。如身，與身等耳。如三君者，輕身重民，然後爲至。曰："何重民而輕身也?"曰："人主承天命以養民者也，民存則社稷存，民亡則社稷亡，故重民者所以重社稷而承天命也。"社者，五土之神。稷者，於五土之中特指原隰之祇。古者立國，天子、諸侯、大夫皆立社，而國喪則屋之，不受天陽也。故《公羊傳》云"亡國之社掩其上，柴其下"，《孟子》曰"民爲貴，社稷次之，君爲輕"。言三君者之重民，爲欽奉天命以保社稷也。

或問曰："孟軻稱人皆可以爲堯舜，其信矣?"曰："人非下愚，下愚則不移。則皆可以爲堯舜矣。[1] 寫堯舜之貌，同堯舜之姓，則否；服堯之制，行堯之道，[2] 則可矣。行之於前，則古之堯舜也；行之於後，則今之堯舜也。"或曰："人皆可以爲桀紂乎?"曰："行桀紂之事，是桀紂也。本孟子語曹交意。堯舜桀紂之事，常並存於世，唯人所用而已。楊朱哭岐路，所通逼者然也。《淮南子·說林訓》曰："楊子見逵路而哭之，爲其可以南可以北。"高誘曰："閔其別與化也。"夫岐路惡足悲哉？中反焉。若夫縣度之厄素，舉足而已矣。"《西域傳》："烏秘國西有縣度。縣度者，石山也。溪谷不通，以繩索相引而度去。"喻爲桀紂。

損益之符，微而顯也。趙獲二城，臨饋而憂；陶朱既富，室妾悲號。范蠡既雪會稽之恥，乃乘扁舟，浮於江湖，變名易姓，適齊

---

① "皆"，原作"愚"，遺編本同，龍溪精舍本作"皆"，錢校云："'愚'疑當作'皆'。"據改。

② 錢校曰："'堯'下疑並脫'舜'字。"

爲鴟夷子皮，之陶爲朱公。乃治産積居與時逐，三致千金，而再散分與貧友昆弟。後年衰老，聽子孫修業而息之，遂至巨萬。故言富者稱陶朱。此知益爲損之爲益者也。屈伸之數，隱而昭也。有仍之困，復夏之萌也；帝相之后，有仍國君女也。寒浞殺羿滅夏氏，時少康方在相后懷妊，乃奔歸有仍之國，而生少康，長爲仍牧正。夏有舊臣靡自有鬲氏收二國之燼，舉兵滅浞而立少康。鼎雉之異，興殷之符也；武丁祭成湯，有飛雉升鼎耳而雊。祖己訓諸王，武丁内反諸己，以思王道。三年，蠻夷編髪重譯來朝者六國。鬼方無道，武丁伐而三年克之。殷道復興。邵宫之難，隆周之應也；邵宫，召公之室也。厲王出奔于彘，太子静匿召公之家。國人聞而圍之，召公乃以其子代太子，太子竟得脱。長於召公家，二相乃共立之，是爲宣王。會稽之栖，霸越之基也；夫差二年，吴王悉精兵以伐越，敗之夫椒。越王勾踐乃以餘兵五千人保栖於會稽，使大夫種因吴太宰嚭而行成，請委國爲臣妾。至十四年，勾踐伐吴，虜太子友。二十一年，越王滅吴，夫差自剄死。子之之亂，強燕之徵也。燕王噲讓國於其相子之，而國大亂。齊因伐之，[①] 遂大勝。燕噲死，子之亡。二年，而燕人共立太子平，是爲燕昭王。此知伸爲屈之爲伸者也。[②]

人主之患，常立於二難之間：在上而國家不治，難也；治國家則必勤身苦思，矯情以從道，難也。有難之難，闇主取之；無難之難，明主居之。大臣之患，常立於二罪之間：

① “伐”，底本和遺編本作“我”，據龍溪精舍本改。

② 此句並上句“此知益爲損之爲益者也”，盧校以爲“旧本‘損’字、‘屈’字皆不重，脱耳”。

在職而不盡忠直之道，罪也；盡忠直之道焉，則必矯上拂下，罪也。有罪之罪，謂不盡忠直之道。邪臣由之；無罪之罪，謂盡道而矯上拂下。忠臣置之。人臣之義，不曰吾君能矣，不我須也，言無補也，而不盡忠；不曰吾君不能矣，不我識也，言無益也，而不盡忠。《孟子》曰："吾君不能，謂之賊。"必竭其誠，明其道，盡其義，斯已而已矣。以道事君。不已，則奉身以退，不可則止。臣道也。故君臣有異無乖，有怨無憾，有屈無辱。人臣有三罪：一曰導非，二曰阿失，三曰尸寵。以非引上謂之導，從上之非謂之阿，見非不言謂之尸。導臣誅，阿臣刑，尸臣絀。"絀"與"黜"同，貶下也。進忠有三術：一曰防，防與導反。二曰救，救與阿反。三曰戒。戒與尸反。先其未然謂之防，發而止之謂之救，行而責之謂之戒。防爲上，救次之，戒爲下。下不鉗口，上不塞耳，則可有聞矣。有鉗之鉗，猶可解也；無鉗之鉗，難矣哉！有塞之塞，猶可除也；無塞之塞，其甚矣夫！無鉗之鉗，無塞之塞，獻帝之時如此。

或曰："在上有屈乎？"曰："在上者以義申，以義屈。義當申則申，義當屈則屈。高祖雖能申威於秦項，而屈於商山四公。四公者，園公、綺里季、夏黄公、角里先生也。高祖欲易太子，大臣多爭，未能得堅決。吕后以留侯計云"四公皆上所不能致者"，遂使人奉太子書迎至。及宴置酒，太子侍，四人者從太子。上怪，問，四人前對，各言其姓名。上乃驚曰："吾求公，避逃我，今公何自從吾兒游乎？"四人曰："陛下輕士善罵，臣等義不辱，故恐而亡匿。今聞太子仁孝，恭敬愛士，天下莫不延頸願爲太子死者，故臣等來。”上曰：“煩公幸卒調護太子。”四人趨去。上目送之，召戚夫人指視曰：“我欲易之，彼四人爲之輔，羽翼已成，難動矣。”竟不易太子。所謂“屈於商山四公”。光武能申於莽，而屈於強項令。陳留董宣爲雒陽令，湖陽公主蒼頭白日殺人，宣於夏門亭格殺之。主訴帝。帝召宣，欲棰殺之。宣曰：“陛下聖德中興，而縱奴殺人，將何以治天下乎？臣不須棰，請得自殺。”即以頭擊楹，流血被面。帝令小黄門持之，使宣叩頭謝主。宣不從，強使頓之，宣兩手據地，終不肯俯。因敕強項令出，賜錢三十萬。所謂“屈於強項令”。明帝能申令於天下，而屈於鍾離尚書。尚書鍾離意也。顯宗即位，徵爲尚書。時交阯太守張恢坐臧徵還伏法，以資物簿入大司農，詔班賜群臣。意得珠璣，悉以委地，而不拜賜。帝怪而問其故。對曰：“臣聞孔子忍渴於盜泉之水，曾參回車於勝母之閭，惡其名也。此臧穢之寶，誠不敢拜。”帝嗟嘆曰：“清乎尚書之言！”乃更以庫錢三十萬賜意。轉爲尚書僕射。車駕數幸廣成苑，意以爲從禽廢政，常當車陳諫般樂游田之事，天子即時還宫。所謂“屈於鍾離尚書”。若秦二世之申欲而非笑唐虞，二世曰：“吾聞之韓子曰：‘堯舜采椽不刮，茅茨不翦，飯土熘，啜土形，雖監門之養，不觳於此。禹鑿龍門，通大夏，決河亭水，放之海，身自持築臿，脛毋毛，臣虜之勞不烈於此矣。’凡所爲貴有天下者，得肆意極欲，主重明法，下不敢爲非，以制御海内矣。夫虞、夏之主，貴爲天子，親處窮苦之實，以徇百姓，尚何於法？”此所謂“非笑唐虞”也。若定陶傅太后之申意而怨於鄭，傅太后，元帝倢伃也。生定陶恭王。元帝崩，隨王歸國，稱定陶太后。成帝無繼嗣，太后賂趙昭儀，陰爲恭王子求漢嗣。又以從弟晏子爲王妃。明年，徵定陶王立爲太子，是爲哀帝。帝即位，累尊太后爲皇太太后。

太后父同産弟子孟、子喜、中叔子晏、幼君子商、同母弟鄭輝子業，俱封侯。太后既尊，後尤驕。與成帝母王太后語，至謂之嫗。陷馮太后以祝詛罪，令自殺。哀帝崩，王莽秉政，奏貶傅太后，號爲定陶恭王母。復奏發傅太后冢，以木棺代，去珠玉衣，歸定陶，葬恭王冢次。孔鄉侯晏將家屬徙合浦，宗族皆歸故郡。趙皇后亦廢爲庶人。是謂不屈。不然，則趙氏不亡，而秦無愆尤。故人主以義申，以義屈也。喜如春陽，怒如秋霜，威如雷霆之震，惠若雨露之降，威、怒言申，喜、惠言屈。沛然孰能禦也。"

或问曰："難行?"① 曰："若高祖聽戍卒，不懷居，遷萬乘不俟終日，齊人婁敬戍隴西，過洛陽，脱輓輅，衣羊裘，因虞將軍見高阻，② 勸都秦地。張良又是其説，高祖即日車駕西都長安。孝文帝不愛千里馬，孝文時，有獻千里馬者，帝曰："鸞旗在前，屬車在後，吉行日五十里，師行日三十里，朕乘千里馬，獨先安之?" 下詔不受。慎夫人衣不曳地，班固贊文帝身衣弋綈，所幸慎夫人衣不曳地。光武手不持珠玉，《循吏傳》叙曰："光武身衣大練，色無重彩，耳不聽鄭衛之音，手不持珠玉之玩。" 可謂難矣。言三君者，以規獻帝也。抑情絶欲不如是，能成功業者鮮矣。人臣若金日磾，以子私謾而殺之，日磾子二人皆愛，爲帝弄兒。其後壯大，不謹，自殿下與宫人戲，日磾適

① 錢校以爲"曰"字衍。

② "阻"，遺編本、龍溪精舍本均同。據《史記·劉敬叔孫通列傳》載"本言都秦地者婁敬"，婁敬説漢高祖都秦地，而非"阻"漢高祖都秦，故疑此"阻"字當作"祖"。

見之，惡其淫亂，遂殺弄兒，即日磾長子也。丙吉之不伐，武帝末，吉以故廷尉監徵，詔治巫蠱郡邸獄。時宣帝生數月，以皇曾孫坐衛太子事繫。吉哀曾孫無辜，擇謹厚女徒令保養曾孫，置閒燥處。望氣者言長安獄中有天子氣，上遣使令一切殺之，吉閉門拒使者，得全曾孫。曾孫病，吉數敕乳母加致醫藥，視遇甚有恩惠，以私財物給其衣食。自曾孫遭遇，吉絶口不道前恩。至宫婢則自陳嘗有阿保之功，辭引使者丙吉知狀。上親見問，然後知吉有舊恩，而終不言。上大賢之，制詔丞相，封吉爲博陽侯。蘇武之執節，武留匈奴凡十九歲，始以強壯出，及還，鬚髪盡白，拜爲典屬國。可謂難矣。"言三臣者，以諷操也。

或問厲志。曰："若殷高宗能葺其德，藥瞑眩以瘳疾，瞑眩者，令人憤悶之意。《方言》云："凡飲藥而毒，東齊、海、岱間或謂之瞑，或謂之眩。"《説命》："啓乃心，沃朕心。若藥弗瞑眩，厥疾弗瘳；若跣，弗視地，厥足用傷。"衛武箴戒於朝，武公和，釐侯子，年九十有五，猶箴儆于國曰："自卿以下至于師長士，苟在朝者，無謂我老耄而舍，必恪恭于朝，以交戒我。"又作《賓之初筵》《抑》戒之詩以自警。勾踐懸膽於坐，勾踐反國，乃苦身焦思，置膽於坐，坐卧即仰膽，飲食亦嘗膽也，曰："女忘會稽之恥耶？"厲矣哉！"言此欲獻帝勵志以再振漢業也。

寵妻愛妾，幸矣；其爲災也，深矣。災與幸，同乎？曰："得則慶，否則災。戚氏不幸不人豕，戚氏，戚夫人也。高帝愛幸戚夫人，常從之關東。吕后年長，常留守，希見，益疏。屢欲立戚夫人子如意爲太子，不果。高帝崩，吕后乃令永巷囚戚夫人，髡鉗衣赭衣，令春。未幾，鴆殺趙王，遂斷戚夫人手足，去眼熏耳，飲喑藥，使居鞠域中，名曰“人彘”。趙昭儀不幸不失命，元帝始加昭儀之號，位視丞相，爵比諸侯王。顔師古曰：“昭顯其儀，示隆重也。”趙昭儀者，孝成皇后趙飛燕女弟也，后寵衰而絶幸。昭儀居昭陽館，顓寵十餘年。成帝崩，民間歸罪昭儀。皇太后詔治問皇帝起居發病狀，昭儀自殺。栗姬不幸不廢，景帝立齊栗姬男爲太子，長公主嫖有女，欲與太子爲妃。栗姬妒，而景帝諸美人皆因長公主見得貴幸，栗姬日怨怒，謝長主，不許。會薄皇后廢，長公主日譖栗姬。景帝心銜之，而未發也。王夫人又陰使人趣大臣立栗姬爲皇后。大行奏事，文曰：“子以母貴，母以子貴。今太子母號宜爲皇后。”帝怒，遂案誅大行，而廢太子爲臨江王。栗姬愈恚，不得見，以憂死。鈎弋不幸不憂殤，鈎弋夫人姓趙氏，昭帝母也。進爲倢伃，居鈎弋宫，大有寵。元始三年，生昭帝，號鈎弋子。任身十四月乃生，武帝命其所生門曰堯母門。後欲立鈎弋子爲皇太子，以其年稚母少，恐女主顓恣亂國家，猶豫久之。鈎弋夫人從幸甘泉，有過見譴，以憂死，因葬雲陽。非災而何？言戚氏、昭儀、栗姬、鈎弋，所謂“否則災”也。按靈帝何貴人甚有寵幸，性強忌。光和三年，立爲皇后。時王美人任娠，畏后，乃服藥欲除之，而胎安不動。後生皇子協，即獻帝也。何皇后酖殺美人。至董卓立獻帝，乃遷何皇后於永安宫，亦酖弑之。悦以美人獻帝母也，不得顯言，故申漢前事以爲鑒戒。若慎夫人之知，孝文所幸慎夫人，在禁中嘗與皇后同席坐。袁盎引卻慎夫人，夫人怒，上亦怒。盎曰：“臣聞尊卑有序，則上下和。今既已立后，慎夫人乃妾耳，豈可同坐？陛下獨不見人彘乎？”上悦，乃召語慎夫人，夫人賜盎金五十斤。班婕好之賢，婕好之號自武帝始，位視上卿，爵比列侯。婕言接幸於上也。好，美稱也。班婕好者，彪之姑，況之女也。入後宫，始爲少使，俄而大幸，爲婕好，居增成舍。成帝嘗欲與婕妤同輦載，辭止。太后以樊姬擬之。婕妤每進見上疏，依則古禮。至趙飛燕譖告許后、婕妤祝詛後宫，詈及主上，皇后坐廢，婕妤以善對免。因恐久見危，乃求共養太后長信宫。明德皇后之德，明德馬皇后，伏波將軍援之少女。爲顯宗貴人時，賈氏生肅宗，帝命貴人養之，撫育過於所生。後有司奏立長秋宫，皇太后曰："馬貴人德冠後宫，即其人也。"遂立爲皇后，愈自謙肅。能誦《易》，好讀《春秋》《楚辭》，尤喜《周官》、董仲舒書。常衣大練，裙不加緣。每於侍執之際，輒言及政事，多所毗補，而未嘗以家私干。故寵敬日隆，始終無衰。邵矣哉！"邵，高也。言慎夫人、班婕妤、馬皇后，所謂"德則慶"也。

爲世憂樂者，君子之志也；公於四海，覆載之度。不爲世憂樂者，小人之志也。私於一己，形骸之見。太平之世，事閒而民樂遍焉。君子所樂。

使遽者揖讓百拜，非禮也；窘急者無敬，故不可以成禮。憂者弦歌鼓瑟，非樂也。愁戚者不和，故不可以爲樂。禮者，敬而已矣。揖讓百拜云乎？樂者，和而已矣。弦歌鼓瑟云乎？匹夫匹婦處畎畝之中，必禮樂存焉爾。敬和斯須不離。

違上順道謂之忠臣，逆君從道，所謂違而得道者。違道順上謂之諛臣。逆道從君，所謂順而失義者。忠所以爲上也，諛所以自爲也。忠臣安於心，諛臣安於身。故在上者必察乎違順，謂違上、違道，順上、順道。審乎所爲，謂爲上、自爲。慎乎所安。謂安心、安身。廣川王弗察，故殺其臣；廣川惠王孫去，初年十四五，事師受《易》，師數諫正去，去益大，逐之。内史請以爲掾，師數令内史禁切王家，去使奴殺師父子。楚恭王察之而遲，故有遺言；成公十六年，楚子救鄭，不聽申叔之言。及戰，吕錡射恭王，中目，敗於鄢陵。至襄公十三年，楚子疾，告大夫曰："不穀不德，少主社稷，生十年而喪先君，未及習師保之教訓而應受多福，是以不德，而亡師于鄢，以辱社稷，爲大夫憂，其弘多矣。若以大夫之靈，獲保首領以殁於地，唯是春秋窀穸之事所以從先君於禰廟者，請爲'靈'若'厲'。大夫擇焉。"此所謂"遺言"也。齊宣王其察之矣，故賞諫者。宣王喜文學游説之士，自如鄒衍、淳于髡、田駢、接子、慎到、環淵之徒七十六人，皆命曰列大夫，爲開第康莊之衢，高門大屋，尊寵之，不治而議論。

或問人君人臣之戒。曰："莫匪戒也。""請問其要。"曰："君戒專欲，臣戒專利，患之甚矣！缺五字。城重譯而獻珍，① 非寶也；腹心之人匍匐而獻善，寶之至矣。故明王慎内守，除外寇，而重内寶。② 雲從于龍，③ 風從于虎，《易》曰："雲從龍，風從虎。"正義曰："龍吟則景雲出，虎嘯則谷風生。"鳳儀于韶，《書》曰："簫韶九成，鳳凰來儀。"麟集于孔，哀公十四年春，西狩獲麟。説《左氏》者云："麟生於火，而游於土，④ 中央軒轅大角之獸。《春秋》者，禮也，修火德以致其子，故麟來而爲孔子瑞也。"陳欽云："麟，西方獸。孔子立言西方，故來。"劉向、尹更始皆以爲應孔子而至，賈逵、服虔、穎容等皆以爲文成致麟，而杜氏悉無所取。應也。出

---

① "城"，諸本並同，盧校以爲當作"域"，又以爲前所缺僅三字，非五字。

② 此段文字可參見附録"或問天子守在四夷有諸"條。

③ 錢校以爲當據《群書治要》另分一段。

④ "土"，原作"上"，據遺編本和龍溪精舍本改。

於此，應於彼，善則祥，祥則福，否則眚，眚則咎，故君子應之。”言善否感應各從其類。

君子食和羹以平其氣，聽和聲以平其志，納和言以平其政，履和行以平其德。夫酸鹹甘苦不同，嘉味以濟，謂之和羹；宫商角徵不同，嘉音以章，謂之和聲；臧否損益不同，中正以訓，謂之和言；趨舍動静不同，雅度以平，謂之和行。人之言曰：“唯其言而莫予違也，則幾於喪國焉。”孔子曰：“君子和而不同。”俱《論語》文。晏子亦云：“以水濟水，誰能食之？琴瑟一聲，誰能聽之？”晏子謂齊侯曰：“今據不然。君所謂可，據亦曰可；君所謂否，據亦曰否。若以水濟水，誰能食之？若琴瑟之專壹，誰能聽之？同之不可也如是。”周太史伯告鄭桓公曰：“聲一無聽，物一無文，味一無果，物一不講。”《詩》云：“亦有和羹，既戒且平。奏假無言，時靡有爭。”此之謂也。《詩·殷頌》文，亦晏子所引。按後漢劉曼山著辨和同之論，則當時在位之閶僞阿媚可知矣。至獻帝時尤甚，故悅以爲言。

卷第五

漢潁川荀悦著　明吴郡黄省曾注

新安程榮校

雜言下第五

衣裳，服者不昧於塵塗，愛也。昧，污闇。塗，泥也。衣裳者，身之法象，固不可不潔。衣裳愛焉，而不愛其容止，外矣。容止者，人之符表，尤不可不正。容止愛焉，而不愛其言行，末矣。言行者，人之樞機，尤不可不慎。言行愛焉，而不愛其明，淺矣。明者，心之神哲，尤不可不瑩。故君子本神爲貴，神和德平而道通，是爲保真。人之所以立德者三：一曰貞，二曰達，三曰志。貞以爲質，質，實也，主也。達以行之，志以成之，君子哉！必不得已也，守一於兹，貞其主也。人之所以立檢者四：誠其心，正其志，實其事，定其分。心誠則神明應之，况於萬民乎？誠格幽明。志正則天地順之，况於萬物乎？正通上下。事實則功立，表裏相顧。分定則不淫。思不出位。曰：才之實也，行可爲，才不可也。曰：古之所以謂才也本，今之所謂才也末也，然則以行之貴也。無失其才，而才有失。先民有言，適楚而北轅者，① 曰吾馬良、用多、御善。此三者益侈，其去楚亦遠矣！此喻爲不善而有才者。遵路而騁，應方而動，不至於適楚北轅。君子有行，行必至矣！此喻爲善而有才者。

或問："聖人所以爲貴者，才乎?"曰："合而用之，以才爲貴；如元愷之類，才配乎德，體用兼全，故聖人貴才。分而行之，以行爲貴。若徒有智能技藝，而不本於德，末之尚矣。舜禹之才而不爲邪，甚於缺一字。矣！此所謂"合而用之，以才爲貴"也。舜禹之仁，雖亡其才，不失爲良人哉!"此所謂"分而行之，以行爲貴"也。

或問進諫受諫孰難。曰："後之進諫難也，以受之難故也。後謂後世。言臣畏犯顔，由君拒諫而然。若受諫不難，則進諫斯易矣。"主明臣直。

或問知人自知孰難。曰："自知者，求諸内而近者也；反觀内省，神明莫遁，自知易也。知人者，求諸外而遠者也。知人難哉！密意深心，嬌言飾行，知人難也。若極其數也，明有内以識，有外以暗；明於自知，昧於知人。或有内以隱，② 有外以顯。昧於自知，明於知人。然則知人自知，人則可以自知，未可以知人

① "北"，原作"比"，据遺編本和龍溪精舍本改。
② "或"，底本和遺編本作"全"，據龍溪精舍本改。

也。急哉！二者較之，知人固難，而自知爲急也。用己者不爲異則異矣。君子所惡乎異者三：好生事也，好生奇也，好變常也。好生事則多端而動衆，好生奇則離道而惑俗，好變常則輕法而亂度。故名不貴苟傳，行不貴苟難。言生事、生奇、變常三者，其名苟傳之名，其行苟難之行，何貴之有？權爲茂矣，其幾不若經；權不如經。辯爲美矣，其理不若絀；辯不如絀，《老子》曰："大辯若訥。"文爲顯矣，其中不若樸；文不如樸。博爲盛矣，其正不若約。博不如約。莫不爲道，"道"當作"大"。知道之體，大之至也；莫不爲妙，知神之幾，妙之至也；莫不爲正，知缺一字。之缺一字。正之至也。故君子必存乎三至，弗至，斯有守無悖焉。"

或問守。曰："聖典而已矣。聖典謂六經。若夫百家者，是謂無守。莫不爲言，要其至矣；莫不爲德，玄其奥矣；莫不爲道，聖人其弘矣。言聖典百家皆言、皆德、皆道，而唯聖典爲至、爲奥、爲弘也。聖人之道，其中道乎？是爲九達。"《爾雅》曰："九達之謂逵。"謂四道交出，復有旁通也。言聖道無所不達，百家則私蹊曲徑而已。

或曰辭達而已矣。聖人以文，其隩也有五，曰玄，曰妙，曰包，曰要，曰文。幽深謂之玄，渾渾若川，不可窮測。理微謂之妙，奥發天地，幾宣鬼神。數博謂之包，辭兼費隱，義徹上下。辭約謂之要，簡而不繁，要而不縟。章成謂之文。炳若丹青，光如日月。聖人之文成此五者，故曰不得已。

君子樂天知命，故不憂；《易·繫辭》文。仁故不憂。審物明辨，故不惑；知故不惑。定心致公，故不懼。勇故不懼。若乃所憂懼則有之，憂已不能成天性也。懼已惑之，憂不能免，天命無惑焉。

或問性命。曰："生之謂性也，形神是也，此本告子之説，以氣言性。《莊子》曰："性者，生之質也。"所以立生、終生者之謂命也，吉凶是也。吉凶，貧富、貴賤、壽夭、禍福之類。此亦以氣言命。夫生我之制，性命存焉爾。君子循其性以輔其命，休斯承，否斯守，休，吉。否，凶。無務焉，無怨焉。富貴無務，貧賤無怨。好寵者乘天命以驕，好寵者爲勢位所溺，故乘富貴之命而驕，則逾節陵分之事興矣。好惡者違天命以濫，好惡者爲饑寒所逼，故違貧賤之命而濫，則苟且邪僻之行作矣。故驕則奉"奉"當作"承"。之不成，不成承休。濫則守之不終。不終守否。好以取怠，惡以取甚，務以取福，惡"惡"當作"怨"。以成禍，怨則不守，不守則濫，故曰成禍。斯惑矣。"

或問天命人事。曰："有三品焉，上下不移，其中則人事存焉爾。命相近也，事相遠也，則吉凶殊矣。孔子曰："性相近也。"今既曰命，命無不善，不當云"相近"矣。故曰窮理盡性以至於命。《易·繫辭》文。孟子稱性善，荀卿稱性惡，《荀子》有《性惡》篇，大抵言人之性本惡，其善者僞也。公孫子曰性無善惡，楊雄曰人之性善惡渾，《楊子·修身》篇曰："人之性也善惡混，修其善則爲善人，修其惡則爲惡人。氣也者，所適善惡之馬與？"劉向曰性情相應。性不獨善，情不獨惡。”向之意，以性善者情亦善，情惡者性必惡，故曰“相應”。曰：“問其理。”曰：“性善則無四凶，四凶，共工、驩兜、三苗、鯀也。性惡則無三仁。孔子曰：“殷有三仁焉。”謂微子、箕子、比干也。人無善惡，文王之教一也，則無周公、管、蔡。周公旦、管叔鮮、蔡叔度，皆武王同母兄弟。性善情惡，是桀紂無性而堯舜無情也。性善惡皆渾，是上智懷惠“惠”當作“惡”。而下愚挾善也。理也未究矣。惟向言爲然。”韓子三品之説有類於此。

或曰：“仁義，性也。好惡，情也。仁義常善，而好惡或有惡。故有情，惡也。”曰：“不然。好惡者，性之取舍也。實見於外，故謂之情爾，必本乎性矣。仁義者，善之誠者也，何嫌其常善？好惡者，善惡未有所分也，何怪其有惡？凡言神者，莫近於氣，有氣斯有形，有神斯有好惡喜怒之情矣。故人“人”當作“神”。有情，由氣之有形也。氣有白黑，神有善惡。形與白黑偕，形之白黑，隨氣而有。情與善惡偕，情之善惡，隨神而彰。即劉向性情相應之説。故氣黑非形之咎，情“情”當作“神”。惡非情之罪也。”悦言形之黑本於氣，情之惡本於性也。

或曰：“人之於利，見而好之，能以仁義爲節者，是性割其情也。性少情多，性不能割其情，則情獨行爲惡矣。”曰：“不然。是善惡有多少也，非情也。有人於此，嗜酒嗜肉，肉勝則食焉，酒勝則飲焉。此二者相與爭，勝者行矣，行謂食、飲。非情欲得酒、性欲得肉也。有人於此，好利好義，義勝則義取焉，利勝則利取焉。此二者相與爭，勝者行矣，行謂取義、取利。非情欲得利、性欲得義也。其可兼者則兼取之，其不可兼者則隻取重焉。若苟隻好而已，雖可兼取當有闕文。矣；① 若二好鈞平，無分輕重，則一俯一仰，乍進乍退。”相持不定。

或曰：“請折於經。”曰：“《易》稱‘乾道變化，各正性命’，是言萬物各有性也。《乾》彖曰：“乾道變化，各正性命，保合太和，乃利貞。”‘觀其所感，而天地萬物之情可見矣’，是言情者應感而動者也。《咸》彖曰：“天地感而萬物化生，聖人感人心而天下和平，觀其所感，而天地萬物之情可見矣。”昆蟲草木皆有性焉，不盡善也。此復申情不獨惡之説。天地聖人皆稱情焉，不主惡也。此復申性不獨善之説。又曰‘爻彖以情言’，亦如之。《易·繫辭》曰：“八卦以象告，爻彖以情言。”凡情意心志者，皆性動之別名也。‘情見乎辭’，是稱情也；《易·繫辭》曰：“聖人之情見乎辭。”‘言不盡意’，是稱意也；《易·繫辭》曰：“書不盡言，言不盡意。”‘中心好之’，是稱心也；《詩·彤弓》曰：② “我有嘉賓，中心好之。”‘以制其志’，是稱志也。惟所宜各稱其名而已，情何主惡之有？故曰必也正名。”

---

① 盧校以爲脱“亦弗之兼”四字。

② “曰”，原作“口”，據遺編本和龍溪精舍本改。

或曰："善惡皆性也，則法、教何施?"曰："性雖善，待教而成；性雖惡，待法而消。唯上智下愚不移，《論語》文。其次善惡交爭，於是教扶其善，法抑其惡，得施之九品。從教者半，畏刑者四分之三，其不移大數九分之一也，一分之中又有微移者矣。然則法教之於化民也，幾盡之矣。及法教之失也，其爲亂亦如之。"

或曰："法教得則治，法教失則亂。若無得無失，縱民之情，則治亂其中乎?"曰："凡陽性升，陰性降，升難而降易。善，陽也。惡，陰也。故善難而惡易。縱民之情，使自由之，則降於下者多矣。"若無法教，則爲惡者易，故多。曰："中焉在?"曰："法教不純，有得有失，則治亂其中矣。純德無慝，其上善也；伏而不動，其次也；動而不行，行而不遠，遠而能復，又其次也；動謂惡之萌動，行則見之於外，遠則行而不返。[①] 其下者，遠而不近也。凡此皆人性也，制之者則心也。動而抑之，遏於隱微。行而止之，禁於履踐。與上同性也；行而弗止，遠而弗近，與下同終也。"

君子嘉仁而不責惠，尊禮而不責意，貴德而不責怨。其責也先己，而行也先人。淫惠、曲意、私怨，此三者實枉貞道，亂大德。然成敗得失，莫匪由之。救病不給，其竟奚暇於道德哉?此之謂末俗。故君子有常交，曰義也；有常誓，

① "返",原作"迈",據遺編本和龍溪精舍本改。

曰信也。交而後親，誓而後故，狹矣。太上不異古今，其次不異海内。同天下之志者，其盛德乎！大人之志不可見也，浩然而同於道；大人之志，渾合造化，故不可窺量。衆人之志不可掩也，察然而流於俗。衆庶之志，流順世俗，故易於昭鑒。同於道，故不與俗浮沉。言大人合道，故超俗。

或曰："修行者，不爲人恥諸神明，其至也乎?"曰："未也。自恥者本也，恥諸神明其次也，恥諸人外矣。夫唯外則慝積於内矣。故君子審乎自恥。"能自愧恥則必能修行，而幽明無怍矣。

或曰："恥者，其志者乎?"曰："未也。夫志者，自然由人，何恥之有？赴谷必墜，失水必溺，人見之也。赴阱必陷，失道必沈，人不見之也，不察之故，君子慎乎所不察。不聞大論則志不弘，不聽至言則心不固。思唐虞於上世，瞻仲尼於中古，而知夫小道者之足羞也。想伯夷於首陽，省四皓於商山，而知夫穢志者之足恥也。存張騫於西極，張騫，漢中人。建元中爲郎，應募使月氏。與堂邑氏奴甘父俱出隴西。徑匈奴，匈奴得之，傳詣单于，留騫十餘歲。騫亡至大宛，爲發譯道，抵康居。康居傳致大月氏。至大夏，留歲餘，還。並南山，欲從羌中歸，復爲匈奴所得。留歲余，單于死，國中亂，騫與胡妻及堂邑父俱亡歸漢。拜騫大中大夫。初，騫行時百餘人，去十三歲，惟二人得還。念蘇武於朔垂，朔，北方也。而知懷閭室者之足鄙也。推斯類也，無所不至矣。德比於上，上謂聖賢。欲比於下。下謂貧賤。德比於上，故知恥；欲比於下，故知足。恥而知之，則聖賢其可幾。知足而已，則固陋其可安也。聖賢斯幾，況其爲慝乎？必無邪慝。固陋斯安，況其爲侈乎？必無放侈。是謂有檢。純乎純哉，其上也，其次得概而已矣。莫匪概也，得其概，苟無邪，斯可矣。君子四省其身，怒不亂德，喜不缺一字。義也。"①

① 盧校以爲"四字疑當作'日否則喜'，'不'字下所缺尚多"。

跋申鑒注後

右荀悦《申鑒》五卷，乃吴郡黄文學勉之所注也。漢史載悦爲獻帝黄門侍郎，是時政移曹操，故申漢故事以爲帝鑒，及泄所藴負，共五篇以上。一曰《政體》，二曰《時事》，三曰《俗嫌》，四曰《雜言上》，五曰《雜言下》，皆深切時弊，關治化，人君所當遵行者，悦之用心可謂勤矣。勉之感其所遭，而先帝之時適有奸臣心迹如操者，竊弄威柄，遂憤激爲注此書，共得萬四千餘言。中所引據又皆漢事，尤爲博洽。少傅守溪王公謂其有感而爲者，誠然哉！昔楊雄自言所著《太玄經》，後世必有知子雲者，今觀勉之之注，殆亦深知荀悦者與？

正德辛巳冬十一月望白巖山人喬宇識

附録：群書治要異文逸文並附校語①

政體第一

夫道之大本，仁義而已。五典以經之，群籍以緯之。前鑒既明，後復申之。故古之聖王，其於仁義也，申重無已。篤厚無疆，謂之“申鑒”。案此段文今本無“大”字，多“矣”字及“咏之”二句，又“無”作“而”，“厚”作“序”。

臣作輔，民作基，制度以綱之，事業以紀之，先王之政。案今本無“制度”二句，下作“惟先喆王之政”。

四者不除，則政末由行矣。案“末”今本作“無”。②

軌越則禮亡，雖聖人不得全其行矣。案“行”今本作“道”。

民不樂生，不可勸以善。案“勸”今本作“觀”。③

毀譽放於准驗。案今本“放”作“效”，“准”作“準”。

無或詐僞淫巧以蕩衆心。故事無不核，物無不功。案今本

---

① 此部分采用龍溪精舍本的附録，按語亦沿用。原録無篇名，爲便於比較閱讀，加之。

② 底本和龍溪精舍本均作“末”。

③ 底本作“觀”，黄注云《漢書》作“勸”。

無“淫巧”二字，“核”作“覈”，“功”作“切”。[①]

故肅恭其心，慎修其行，有罪惡者無徼倖，無罪過者不憂懼，請謁無所聽，貨賂無所用。案今本此文訛異最甚。

禮教榮辱以加君子，治其情也。案“治”今本作“化”。

小人之情，緩則驕，驕則恣，急則叛，叛則謀。亂非威強無以懲之。案此段今本文多增異。

不妄罰，非徒矜其人也。案今本作“慎其刑”。

無事事之，使自憂之。不肅而成，不嚴而治，垂拱揖讓，而海内平矣。案今本“憂”作“交”，脱“而成”“不嚴”四字，“讓”作“遜”。[②]

一曰不治，[③] 二曰不求。案“求”今本作“進”。

七曰以小短掩大美，八曰以奸訐傷忠正。案今本“短”作“失”，“奸”作“干”。

職位不重，小臣咨度。案今本“職位”作“位職”，“咨度”作“讒疾”。[④]

君好謙。案“謙”今本作“讓”。

君臣爭明。案“明”今本作“名”。

以苛爲察。案“察”今本作“密”。

---

① 底本作“切”，黄注云《漢書》作“功”。
② 底本作“遜”，黄注云《漢書》作“讓”。
③ “治”，底本和龍溪精舍本均作“知”。
④ “疾”，底本作“嫉”，龍溪精舍本作“疾”。

内外相疑。案“疑”今本作“蒙”。

上不訪下，下不諫上。案今本作“上不訪，下不諫”。

惟督五赦。案“督”今本作“稽”。

屈天下之憂，故憂亦及之，天之道也。案今本作“天下之道”。

治世之臣所貴乎順者三：一曰心順，二曰職順，三曰道順。衰世之臣所貴乎順者三：一曰體順，二曰辭順；三曰事順。治世之順，真順也。衰世之順，則生逆也。體苟順則逆節，辭苟順則逆忠，事苟順則逆道。下有憂民則上不盡樂，下有飢民則上不備膳，下有寒民則上不具服，故足寒傷心、民憂傷國。案此段文今本前缺“衰世之臣”五句，後缺“下有憂民”以下八句，又“辭”字訛作“亂”。①

時事第二

三皇之民至敦也。案今本無“之”字。

純斯清矣，惟性不求無益之物。案“矣”今本作“奚”。

放邪説，絶淫智。案“絶”今本作“去”。

絶末技，周本務。案“周”今本作“同”。

以陰乘陽違天也，以婦凌夫違人也。案今本无两“也”字。

---

① 此條黄注亦云“此下疑脱‘衰世之臣所貴乎順者三：一曰體順，二曰亂順；三曰事順’二十二字”。

古者，天子諸侯有事必告於廟。有二史，右史記事，左史記言，事爲《春秋》，言爲《尚書》。案今本“廟”下有“朝”字，“事”作“動”。①

下及士庶，苟有茂異。案今本下句作“等各有異”。②

先王重之，以輔法教，宜於今者，官以其方，各書其事，歲盡則集之於尚書，各備史官使掌其典。案今本“輔”作“嗣”，“方”作“日”，脱“事”“歲”二字，又“各備”作“若”。

雜言上第四

君子有三鑒：鑒乎前，鑒乎人，鑒乎鏡，前惟訓。案“鑒乎前”三句，今本作“世人鑒鏡”，又“訓”字今本作“順”。③

夏商之衰。案“夏商”今本作“商德”。④

不鑒於群下也。案“群”今本作“民”。

不任所愛之謂公，惟義是從之謂明。⑤ 案今本“所”作“不”，“之謂”字倒。

夫能成功業。案“夫”今本作“末”。

衛姬色衰。案“衰”今本作“妾”。

---

① 底本作“動”，黄注云《漢書》作“事”。

② 底本作“等各有異”，黄注云“按《漢書》作‘苟有茂異’”。

③ “世人鑒鏡”，底本和龍溪精舍本均作“世人鏡鑒”。此處錢校亦“據《治要》補改”，並稱“與《御覽》七百十七引合”。

④ 底本和龍溪精舍本均作“夏商之衰”。

⑤ “義”，底本和龍溪精舍本均作“公”。

省闥清静，嬖孽不作。案“作”今本作“生”。

針之不逮。案“逮”今本作“遠”。

人非下愚，則可以爲堯舜矣。寫堯舜貌，同堯舜之性。案今本“則”下有“皆”字，“舜”下有“之”字，末句作“同堯舜之姓”。

人臣之患，常立於二罪之間。案“人”今本作“大”。

無罪之罪，忠臣致之。案“致”今本作“置”。

人臣有三罪：一曰導。案今本“導”下有“非”字。

以非先上謂之導。案“先”今本作“引”。

先其未然謂之防也，發而進諫謂之救也，行而責之謂之戒也。案今本無三“也”字，又“進諫”作“止之”。

或問：“天子守在四夷，有諸?”曰：“此外守也。天子之内守在身。”曰：“何謂也?”曰：“至尊者，其攻之者衆焉。故便僻御侍攻人主而奪其財，近幸妻妾攻人主而奪其寵，游佚伎藝攻人主而奪其志，左右小臣攻人主而奪其行，不令之臣攻人主而奪其事，是謂内寇。自古失道之君，其見攻者衆矣。小者危身，大者亡國。鮌、共工之徒攻堯，儀狄攻禹，弗能克，故唐、夏平；南之威攻文公，申侯伯攻恭王，不能克，故晋、楚興。萬衆之寇凌疆埸，非患也。一言之寇襲於膝下，患之甚矣！八域重譯而獻珍，非寶也；腹心之人匍匐而獻善，寶之至矣。故明主慎内守,[1] 除内寇，而重内寶。”

---

① “主”,底本和龍溪精舍本均作“王”。

案今本“患之”以下數句見《雜言上》篇，脱“八”字，“域”作“城”，“内寇”作“外寇”。

雜言下第五

君子所惡乎異者三：好生事也，好生奇也，好變常也。好生事則多端而動衆，好生奇則離道而惑俗，好變常則輕法而亂度。故名不貴苟傳，行不貴苟難。案以上九句今本見《雜言下》篇，“惑”作“好”。① 純德無慝，其上也；伏而不動，其次也；動而不行，行而不遠，遠而能復，又其次也；其下遠而已矣。案此篇文三百餘字，除中間十數句外，餘皆今本所無也。

---

① “惑”，底本和遺編本作“惑”，龍溪精舍本作“好”。

劇談録

整理説明

一

康駢,[1] 生卒年不詳，新、舊《唐書》均無傳。字駕言，池州貴池（今安徽池州市貴池區）人。懿宗咸通中應進士試，僖宗乾符五年（878）登第，曾爲崇文館校書郎。黄巢入長安後歸隱故鄉貴池，昭宗時，入寧國軍節度使田頵幕。“頵善爲治，資寬厚，通利商賈，民愛之。善遇士，若楊夔、康軿、夏侯淑、殷文圭、王希羽等皆爲上客。”[2] 據《宋史・藝文志》記載，康駢的作品還有别集《九筆雜編》十五卷，今不存。《全唐詩》卷八百九十録《廣謫仙怨》詞一首，是出自《劇談録》。

---

① 康駢,文獻一作“康軿”。李劍國《劉世珩〈貴池先哲遺書〉校本〈劇談録〉指瑕》(《明清小説研究》,2011 年第 4 期),李暉《〈劇談録〉及其作者史實考辨》(《安徽廣播電視大學學報》2005 年第 2 期)都對其有詳細的考證。今從“康駢”。

② ［宋］歐陽修、宋祁撰:《新唐書》卷一百八十九《田頵傳》,中華書局,1975 年,第 5479 頁。

二

《劇談録》是康駢創作的筆記小説，古今書目記載的卷數不一。有一卷本，見《廣百川學海》丁集、《唐人説薈》二集。有三卷本，見於目録如《新唐書・藝文志》卷五十九、晁公武《郡齋讀書志》卷十三，馬端臨《文獻通考》卷二百十五也依晁氏目録之説。① 今存二卷本，有明刻本（葉十行，行十九字）、明末高承埏《稽古堂叢刻》本、明崇禎毛氏汲古閣刻《津逮秘書》本；清代《學津討原》《嘯園叢書》皆取毛氏津逮本，加以增删，《四庫全書》本，《四庫全書總目提要》卷一百四十二介紹“此本末有臨安府陳道人書籍鋪刊行字，蓋猶影抄宋本”；民國間劉世珩刻《貴池先哲遺書・貴池唐人集》，所輯《劇談録》出自毛氏津逮本，並從《太平廣記》録補逸文五條。

現在通行本有古典文學出版社1958年出版的單行本《劇談録》，據劉氏貴池本標點排印。上海古籍出版社2000年出版《唐五代筆記小説大觀》，其中蕭逸校點的《劇談録》，又依據1958年排印本。此外，中華書局1991年據《叢書集成初編》所選津逮秘書本等影印《劇談録》及《幽閒鼓吹》。

① 參見周勳初:《唐代筆記小説叙録》,鳳凰出版社,2008年,第127頁。

黄山書社1991年徐凌雲、許善述點校《唐宋筆記小説三種》(《睽車志》《劇談録》《賈氏談録》)，以津逮秘書本爲底本，用《四庫全書》本及《太平廣記》本加以對校。現在通行本所據劉氏貴池本處理異文謬誤較多，李劍國對此撰有《劉世珩〈貴池先哲遺書〉校本〈劇談録〉指瑕》一文①。

《劇談録》二卷本較爲通行，其中，臺灣"中央"圖書館藏明刻本较爲完善，故本次點校以明刻本（葉十行，行十九字）为底本，以汲古閣刻《津逮秘書》本作爲校本（簡稱"津本"）。點校時參照了徐凌雲、許善述點校《唐宋筆記小説三種》。本着底本不誤校本誤不出校的原則，底本有誤，校本不誤者以小注出校。同時，對避諱字分别做了小注；對個别處稍做勘誤説明，如《曲江》條，"其南有紫雲樓、芙蓉苑"，底本、津本皆如是，然據《長安志》載："芙蓉苑，在曲江之西南。"此處"其南"當爲"其西南"。

三

現代學者關於《劇談録》的研究與評價，主要散見於小説史、文學史一類綜論性著作，多是片言隻語的歸類式評斷。

---

① 李劍國:《劉世珩〈貴池先哲遺書〉校本〈劇談録〉指瑕》,《明清小説研究》2011年第4期。

如魯迅《中國小説史略》第十章“唐之傳奇集及雜俎”中有言：“至於康駢《劇談録》之漸多世務，孫棨《北里志》之專叙狹邪，範攄《雲溪友議》之特重歌咏，雖若彌近人情，遠於靈怪，然選事則新穎，行文則逶迤，固仍以傳奇爲骨者也。”[1] 吴庚舜、董乃斌主編《唐代文學史》（下）第二十六章中把《劇談録》歸爲“筆記體小説”，認爲此類小説在唐代後期數量大增，“這些書的情况非常複雜，性質也不全相同。大體説來，有的較偏于史料或紀實，雖號稱小説，而實近野史”[2]。

將《劇談録》單列爲研究對象的，有周勳初《唐代筆記小説叙録》，其中對《劇談録》的書名、著録與版本、作者及其内容進行了簡要分析。[3] 程毅中《唐代小説史》第八章“唐代後期小説集”中有專節介紹，簡要梳理了康駢的生平資料以及《劇談録》的成書過程，認爲“《劇談録》名爲小説，但實際上還是維持舊的小説觀，作爲雜史筆記來寫的”[4]。李劍國《唐五代志怪傳奇叙録》在第四卷“低落期”中介紹了《劇談録》的版本源流，並對《劇談録》逐條目進

① 魯迅：《中國小説史略》，上海古籍出版社，1998 年，第 60 頁。

② 吴庚舜、董乃斌主編：《唐代文學史》（下），人民文學出版社，1995 年，第 571 頁。

③ 周勳初：《唐代筆記小説叙録》，鳳凰出版社，2008 年，第 127—130 頁。

④ 程毅中：《唐代小説史》，人民文學出版社，2003 年，第 284 頁。

行了考釋，十分詳盡。

對《劇談録》開展的專門研究，多以論文形式出現。如李劍國《劉世珩〈貴池先哲遺書〉校本〈劇談録〉指瑕》認爲，劉世珩《貴池先哲遺書》中對《劇談録》進行的校勘，“粗濫謬誤，主要問題是處理異文不當，誤改以及輕易改動原文的情況非常嚴重”，並“對其校改一一指瑕擿失，借此可以從正面總結出一些校勘原則和方法，有裨於校勘之學”。[①] 李暉《〈劇談録〉及其作者史實考辨》有感於因爲“歷史文獻的疏誤與訛傳”，導致康駢“籍貫故里不清，功名時間不明，仕途官職參差，甚至連名字也混淆難辨”[②]，故對這些錯亂不清的問題進行了考證、確定和廓清。對《劇談録》一書的價值，亦做了扼要評述。孫勵《〈劇談録〉詞語考釋》[③] 則主要分析和解釋了《劇談録》中一些古白話詞語，認爲其中的詞語爲我們研究古白話詞語提供了大量的資料。近年來，對《劇談録》的研究也引起了研究生們的興趣，如南京大學研究生韓曉嬋的畢業論文《〈劇談録〉箋證》[④]，以 1958 年古

---

① 李劍國:《劉世珩〈貴池先哲遺書〉校本〈劇談録〉指瑕》,《明清小説研究》2011 年第 4 期。

② 李暉:《〈劇談録〉及其作者史實考辨》,《安徽廣播電視大學學報》2005 年第 2 期。

③ 孫勵:《〈劇談録〉詞語考釋》,《和田師範專科學校學報》(漢文綜合版) 2004 年第 1 期。

④ 韓曉嬋:《〈劇談録〉箋證》,南京大學中國古典文獻學專業 2008 級研究生畢業論文。

典文學出版社排印劉世珩《貴池先哲遺書》爲底本，有選擇地對《劇談録》中的17條目進行了箋證。以其中重要的歷史人物、史實爲對象，一是考證書中所寫内容是否屬實，並予以糾謬；二是對比史籍記載，考證史籍的錯誤；三是對比後世文獻對《劇談録》的采録，描述其差異性。

四

綜上，學界對《劇談録》的研究，多偏重文獻考釋，對其歷史和文化價值的研究用力不多。《劇談録》作爲記載中晚唐社會逸聞和“史館殘事”的一部筆記小説，不僅保留了很多文化資料，也給我們瞭解作者的思想觀念提供了一定的信息。據康駢在《序》中的描述，我們大致可知，康駢是一個很留意歷史事實的士人，所以他平時就積累了不少“新見異聞”和“史館殘事”；同时他是一個有志於借鑒歷史，“迹先王之軌范”的士人，立匡世功名的使命感促使他要在翰墨之間立功。故《四庫全書總目提要》評價《劇談録》“皆記天寶以來瑣事，亦間以議論附之”。以下簡要條列作者所傳達的思想，看其歷史價值。

第一，宣传治國理政以及用人方略，歌頌明主賢臣。如“宣宗夜召翰林學士”“李朱崖知白令公”“宰相布施”“鳳翔府舉兵討賊”等條目。第二，表現俠客超凡功夫和俠義精神，反映當時社會任俠之風的盛行。如“潘將軍失珠”“田膨郎偷玉枕”“管萬敵遇壯士”等條目。第三，宣導清風儉德，表達戒奢戒逸的思想。如“劉相國宅”“李相國宅”“洛中豪士”“含元殿”等條目。第四，記載詩畫藝術，反映文人雅集時尚。如“王侍中題詩”“慈恩寺牡丹”“白傅乘舟”“廣謫仙怨詞”等條目。第五，記載鬼魅、神仙、靈異之事，這部分內容占本書比例最大。如“御史灘”“龍待詔相笏”“裴晋公天津橋遇老人”“道流相夏侯譙公”“洛中大水”“韋顓梟鳴”“命相日雨雹”“劉平見安禄山魑魅”“王鮪活崔相公歌妓”“渾令公李西平爇朱泚雲梯”“華山龍移湫”“玉蕊院真人降”“崔道樞食井魚”“李生見神物遺酒”“説方士”等條目，反映宿業報應以及民衆對佛道神仙思想的信奉。此外，“狄惟謙請雨”條，記載武宗會昌年間晋陽縣令狄惟謙，因女巫郭天師祈雨失敗而杖殺之，反而受到朝廷褒獎的故事。此爲《劇談録》中唯一反映方術騙人的一則内容。

《劇談録》所記載的雖多是歷史中真實的人物，但它畢竟是小説，爲作者游戲而談的結晶，若一味地以歷史的眼光和標準去研究閲讀，難免會失於偏頗。事實上，《劇談録》小説的成分占據很大比重，這不僅可以從上述近乎一半的鬼神靈異和預言内容中顯示出來，亦可以從其中濃郁的文學語言描寫中顯示出來。

首先，康駢描寫自然風光時，用筆簡潔，卻生動如畫。

其次，他擅長刻畫人物。《劇談録》中刻畫了不同階層的諸多人物，既有帝王將相也有士庶俠盜。作者往往只用三言兩語的行爲描寫或者人物語言，就極其傳神地點染出人物形象。用動作刻畫人物最精彩的屬“洛中豪士”中描寫一家驕逸成性的豪貴子弟。人物語言惟妙惟肖的如“曲江”條中刻畫自命不凡新授宣州廣德縣令等。再次，擅長渲染場面。與簡筆描寫風景和勾勒刻畫人物不同，康駢在場面描寫上則近於賦法鋪排。如“渾令公李西平爇朱泚雲梯”中表現酹酒祝天，火燒雲梯一段，又如“李朱崖知白令公”條中描寫白敏中帶兵大戰河湟犬戎一段，文字都鋪排得十分精彩。

要之，《劇談録》作爲一部筆記小説，既有一定補益史實的史學價值，也具有反映當時社會思想、觀念、風俗等的文化價值。從我國小説發展史來看，它將魏晋時期殘叢小語式的軼事記叙，與晚唐興盛的傳奇結合，融築了兼具二者優長的小説叙述風格。在結構、情節、人物等小説諸要素的創造上，也不乏情節結構完整曲折，文筆描述精緻生動的成功經驗。因此，它的文學價值也不可忽視。

序①

將仕郎崇文館校書郎康駢　述

駢咸通中始隨鄉賦，以薄伎貢於春官，爰及竊名，殆將一紀。其間退黜羈寓，旅乎秦甸洛師，新見異聞，常思紀述。或得史官殘事，聚於竹素之間，進趨不遑，未暇編綴。及寇犯天邑，挈歸漁樵，屬江表亂離，亡逸都盡。景福乾寧之際，耦耕於池陽山中，閉關雲林，罕值三益。而又環堵之内，闕於墳典，思欲叙他日之游談，迹先王之軌範，不可得矣。然則平昔之道，本爲於文，既未能立匡世之功名，又安得舍窮愁之翰墨。因想時經喪亂，代隔中興，人事變更，邈同千載，寂寥堙没，知者漸稀。是以耘耨之餘，粗成前志。所記亦多遺漏，非詳悉者不復叙焉。分爲二編，目之曰《劇談録》。文義既拙，復無雕麗之詞，亦觀小説家流耶，以傳諸好事者。乾寧二年建巳月，池州黄老山白社序。

① 津本無此序。

卷　上

將仕郎崇文館校書郎康駢　述①

宣宗夜召翰林學士

宣宗皇帝聖政欽明，光宅天下，常欲刑清俗富，有宵衣旰食之懷，仄席佇賢，每如不及。令狐相國自吴興郡守授司勳郎中，未居内署，初與學士候對，便以爲有宰辅之才。一夕，於禁林寓直，忽有中使來召。行百餘步，至于便殿，遣内人秉燭候之，引於御榻之前。上自宣令坐，問："卿來從江表，見彼中甿庶安否？廉察郡守字人求瘼之道如何？朕常思四海之大，九州之廣，雖明君不能自理，常須良弼賢佐。邇來竊窺朝廷，皆未睹其忠赤。"相國降階俯伏曰："聖意如此，微臣便合得罪。"上曰："卿纔爲翰林學士，所職者朕之絲綸。向來之言，本不相及。"既而，復宣令坐，俾御以玉

① 津本注有"宋池州康駢述,明海虞毛晋訂"。"宋"应为"唐",點校者注。

杯，斟酒賜之。有小案置於御牀，案上有書兩卷，指謂相國曰："朕聽政之暇，未嘗不披尋史籍。此讀者先朝所述《金鏡》。一卷則《尚書・大禹謨》。"復問："卿曾讀《金鏡》否?"對曰："文皇帝所著之書，有理國理身之要。披閱誦諷，不離於口。"上曰："卿試舉其要。"相國跪於御前，抗聲而誦，至"亂未嘗不任不肖，理未嘗不任忠賢。任忠賢則享天下之福，任不肖則受天下之禍"，上止之曰："朕每讀至此，未嘗不三復後已。《書》又云：'任賢勿貳，去邪勿疑。'是則欲致升平，當用此言爲首。"相公抃舞而稱曰："先臣父每言《金鏡》垂裕，可爲萬古格言。自非聰明文思，無以探其壼奧。況堯舜禹湯之道，在典謨訓誥之間。陛下不以黄屋爲尊，每觀之於夙夜，將欲擇賢舉善，使庶績咸熙，如此則功冠百王，事超三五矣。"上曰："曩者仰卿材器，今日睹卿詞學。"臨軒佇立久之，謂中使曰："持燭送學士歸院。"及還禁林，夜漏將半，咸以近臣恩澤，殆無其比。繇是注意益深。居歲餘，遂爲宰相。自郡守至於台鉉，① 首尾纔經二載。嘗自郊壇迴，渭南尉趙嘏上詩云："鶚在卿雲冰在壺，代天材業奉訏謨。榮同伊陟傳朱户，秀比王商入畫圖。昨夜星辰迴劍履，前年風月滿江湖。不知機務時多暇，猶許詩家屬和無。"

議曰：凡懷才抱器，有時而通，非得苟容，雖遇不顯。

① "鉉",原缺最後一筆,係避帝王偏諱,下同。

向使明主有任賢之意，近臣無專對之能，徒彰妄進之譏，方病退慚之説，殊恩厚渥，豈及於身。是以君子勵志飭躬，以遭逢之運，良有旨哉。

劉平見安禄山魑魅

咸通中，有五經博士盧罕，得神仙保養之道。自言生於隋代，宿德朝士皆云見於童幼，奕世奉言之，不窮年壽。云安史之亂，隱於終南山中，其後或出或處。先是，令狐相公諭以柱下、漆園之事，稍從宦於京師，常話與處士劉平執友修道。平天寶中居於齊魯間，尤善吐納之術，能夜中視物，不假燈燭。安禄山在范陽，厚幣致於門下。平見禄山左右常有鬼物數十，殊形詭狀，持鑣執蓋以爲導從，平心異之，謂禄山必爲人傑。及禄山朝覲，與平俱至輦下。行至華陰縣，值葉天師投龍於西嶽，平見二青衣童子承虚而至，所衞禄山魑魅，皆棄鑣投蓋，狼狽而行。平因知禄山爲邪物所輔，必不以正道克終。及禄山卻歸范陽，遂逃入華山而隱。

王鮪活崔相公歌妓

鳳翔少尹王鮪，侍郎凝之叔也。年十四五，與兒童戲於果園竹林下。見二枯首爲糞壤所没，乃令小僕擇淨地瘞之，祭以酒饌。其後數夕，陰晦，忽聞窗外窸窣有聲，良久問之，云：“某等受郎君深恩，免在蕪穢，未知所酬耶，願以驅策。邇來凡有吉凶，先兆肸蠁，必來潛報。”如此數年，遂與靈物通徹。崔相國珙爲度支使，雅知於鮪。一夕，留飲家釀，酒酣稍歡，云：“有小妓善歌，得於親友。”因令左右召之，良久不至。相國俄而自歸内，見理妝纔罷，忽病心痛，請飲湯而出。相國怪而問之，云：“適見一人著短後緋袍，控馬而去。”語未畢，家僕遽報中惡，救之不及矣。相國悲惋不已。鮪密言：“有一事或可救之，然須得白牛頭及酒一斛。”因召左右，試令求覓。有度支所由幹事者，徑詣東市肉行，以善價取之，將牛頭而至。鮪令扶策歌者，置於淨室榻前，以土盆盛酒，横板用安牛頭，設席焚香，密封其户，且戒曰：“專伺之，曉鼓一動，聞牛吼，當急開户，可以活矣。”鮪既去，久而無聲。禁鼓忽鳴，果聞牛吼，開户視之，歌者微喘，盆中斛酒悉乾，牛目怒出於外。數日之後，方述前事。云其夕治妝既畢，有人促召出門，乘馬而行。約數里，見有室宇華麗，其間列筵張樂，四座皆朱紫少年，見歌者至，大喜，致於女妓中。歡笑方洽，忽聞人大叫，聲震庭廡，坐中皆失色相視，妓樂俱罷。俄見牛頭人，長丈餘，執戟徑趨而入。無不狼狽而走，唯歌者在焉。牛頭者引於階前，背負而出，纔數十步，忽覺卧於室内。邇後相國詢其由，鮪終不言盡其事。

御史灘

河南府伊闕縣，前臨大溪，每僚佐有入臺者，即水中先有小灘漲出，石礫金沙，澄澈可愛。牛相國爲縣尉，一旦，忽報灘出。翌日，宰邑者與同僚列筵于亭上觀之，因召耆宿詢其事。有老吏云："此必分司御史，非西臺之命，若是西臺，灘上當有雙鸂鶒立。前後居人以此爲則。"相國潛揣縣僚無出於已，因舉杯祝曰："既能有灘，何惜一雙鸂鶒。"宴未終，俄有飛下。不旬日，拜西臺監察御史。

渾令公李西平爇朱泚雲梯

朱泚之亂，德宗皇帝車駕出幸奉天。是時，沿邊藩鎮皆已舉兵扈蹕。泚自率凶渠，直至城下。有西明寺僧陷在賊中，性甚機巧，教泚造攻城雲梯，其高九十餘尺，上施板屋樓櫓，可以下瞰城中。渾中令、李司徒奏曰："賊鋒既盛，雲梯又壯，若縱之，誠恐不能禦，及其尚遠，請以鋭兵挫之。"遂率王師五千列陣而出。于時束藴居後，約戰酣而燎。風勢不便，火不能舉。二公酹酒抗詞，拜空而祝："天道助順，至聖感神。泚賊苞藏禍心，竊弄凶器，敢以狂孽，來犯乘輿，今擁衆脅君，將逼城壘。瑊等誓輸忠節，志殄妖氛，若社稷再興，威靈未泯，當使雲梯就爇，逆黨冰銷！”於是詞情慷慨，人百其勇。俄而，風勢遽迴，鼓噪而進，火烈飆駭，烟埃漲天，梯燼卒奔，賊遂退衄。德宗皇帝御樓以觀，中外咸稱萬歲。及剋復京國，二公勛績爲首。寵錫茅土，銘鏤鍾鼎。匡扶社稷，終始一致。其後，李司徒有子四人，皆分部節制。忠烈榮耀，于今藹然。

李司徒嘗於左廣效職，久未遷升。聞桑道茂善相人，齎絹壹匹，凌晨而往。時道茂傾信者甚衆，造謁多不見之。聞李公在門，親自迎接，施設肴醴，情意甚專。既而問之，謂曰：“他日建立勛庸，貴盛無比，或事權在手，當以姓命爲托。”李公莫測其由，但慚唯而已。請迴所貺縑，換李公所著汗衫子，仍請於襟上書名，云：“他日見此相憶。”及泚之叛，道茂陷在賊庭。既剋復京師，從亂者悉皆就戮。李公受命斬決，道茂將就刑，請致分雪之詞，遂以汗衫爲請。李公奏以非罪，遂令原之。

潘將軍失珠

京國豪士潘將軍，住光德坊。忘其名，時人呼爲潘鶻硉也。本居襄漢間，常乘舟射利，因泊江壖。有僧乞食，留之數日，盡心檀施。僧謂潘曰：“觀爾形質器度，與衆賈不同，至於妻孥已來，皆享巨福。”因以玉念珠一穿留贈。云：“寶之不但通財，他後亦有官禄。”既而遷貿數年，藏緍巨萬，遂均陶朱。其後，職居左廣，列第京師，常寶念珠，貯之以綉囊玉合，置之於道場内。每月朔，則出而拜之。一旦，開合啓囊，已亡失珠矣，然而緘封若舊，他物亦無所失。於是奪魄喪精，以爲其家將破之兆。有主藏者，嘗識京兆府停解所由王超，年且八十已來，因密話其事。超曰：“異哉，此非攘竊之盜也。其試爲尋之，未知果得否。”超他日因過勝業坊北街，時春雨新霽，有三鬟女子，年可十七八，衣裝藍縷，穿木屐，立於道側槐樹下。值軍中少年蹴踘，接而送之，直高數丈，於是觀者漸衆，超獨異焉。及罷，隨之而行，止於勝業坊北門短曲，有母同居，蓋以紉針爲業。超異時因以他事熟之，遂爲甥舅。然居室甚貧，與母同卧土榻，烟爨不動者往往經于累日。設肴羞，時有水陸珍異。吴中初進洞庭橘子，恩賜宰臣外，京輦未有此物，密以一枚贈超，云：“有人從内中出。”而禀性剛決，超意甚疑之。如此往來周歲矣。超一旦攜酒食與之從容，徐謂之曰：“舅有深誠，欲告外甥，未知如何？”女曰：“每感重恩，恨無所答，若力有可施，必能赴湯蹈火。”超曰：“潘將軍失卻玉念珠，不知知否？”女子微笑曰：“從何知之？”超揣其意不甚密藏，又曰：“外甥可尋覓，厚備繒彩酬之。”女子曰：“勿言於人，某偶與朋儕爲戲，終卻還與，因循未暇。舅來日詰旦，於慈恩寺塔院相候，某知有人寄珠在此。”超如期而往，時寺門始開，塔户猶鎖，女子先在，謂超曰："少頃，仰觀塔上，當有所見。"語訖而去，疾若飛鳥。忽於相輪上舉手示超，欻然擕珠而下，謂超曰："便可將還，勿以財帛爲意。"超徑詣潘，具述其事，因以金玉繒錦，密爲之贈。明日訪之，已空室矣。

馮緘給事,① 常聞京師多任俠之徒，及爲尹，密詢。左右引超，具述前事。訪潘將軍，所説與超符同。

李鄴侯救竇庭芝

寶應年中，員外郎竇庭芝分司洛邑，常敬事卜者胡盧生，每言吉凶，無不必中，如此者往來甚頻，長幼莫不傾蓋。一旦凌晨入門，頗甚嗟惋，庭芝問之，良久乃言："君家大禍將成，舉族恐無遺類，即未在旦夕，所期亦甚不遠。"既而舉家涕泣，請問求生之路。云："非遇黄中君、鬼谷子，不可相救。然黄中君造次難見，但見鬼谷子，當無患矣。"具述形貌服飾，仍約浹旬求之。於是竇與兄弟群從洎妻子奴僕，曉夕求訪於洛下。時李鄴侯有内艱，居於河清縣，因省覲親友，策蹇驢入洛。至中橋南，遇大尹避道，所乘驢忽驚逸而走，

① "馮緘"，津本作"馮鍼"，考《新》《舊唐書》，無"馮鍼"。《新唐書・馮審傳》："子緘，字宗之。乾符初，歷京兆、河南尹。"又《新唐書・馬植傳》載："兼集賢殿大學士，校理楊收道與三院御史遇，不肯避，朝長馮緘録其騶僕辱之。"當爲"馮緘"。

徑入庭芝所居。與僕者共造其門，值庭芝車馬羅列將出，忽見鄴侯，皆驚眙而退。俄有人出來，云：“此是分司竇員外宅，所失驢收在馬厩，請客入座，員外嘗願修謁。”如此者數四，鄴侯不獲已，就其廳事。庭芝既出，降階而拜，延接殷勤，遂至信宿。至如妻孥孩稚，咸備家人之禮。數日告去，①贈送殊厚。但云：“貴達之辰，願以一家爲托。”鄴侯居於河清，信宿旁午於道。及朱泚構逆，庭芝方廉察陝服，車駕出幸奉天，遂陷於賊庭。及鑾輿返正，德宗首命誅之。鄴侯自南嶽徵迴，至行在，便爲宰相，因第臣僚罪狀，遂請庭芝減死。聖意不解，云：“卿以爲寧王懿親乎？庭芝姊爲寧王妃。以此論之，猶不可。然莫有他事，俾其全活否？卿但言之。”於是具以前事上聞，由是特原其罪。鄴侯始奏，上密使中官夜乘傳陝州問之，竇奏其事，德宗曰：“曩言黄中君，蓋指於朕，未知呼卿爲鬼谷子何也？”或云，李相先代靈城在清谷前濁谷後，恐以此言之。

續坤蹶馬

咸通乾符中，京師醫者續坤，坤官爲都水使者。頗得秦和之術，評脈知吉凶休咎，至於得失時日皆可預言。古者善醫道多

① “去”，原字第一畫斷筆，係避凶惡字諱。

矣，迹其前事，不過視徹膏肓，心解分劑，未聞乎平診脈候，見於蓍龜之能也。適有燕中奏事大將，暴得風疹，衆醫無不療之，不瘳。舁疾請坤投藥，數服而愈，所酬金帛甚多，仍以邊馬一匹留贈。馬之骨相甚奇，然步驟多蹶，雖制以銜勒，加之鞭策，而款段之性竟莫能改。坤以浪費芻粟，托人以賤價賣之。求駿者纔試，遂復如初，累月不售。鄰伍間有王生，貿易於中貴之門，頗甚貧窶。忽詣坤云："有青州監軍將發，須鞍馬以備行李，亦知馳騁非駿，但欲致於牽控之間。"坤直以無用之畜付焉，亦不約鬻馬之價。王生經旬不至，謂其脱略亡逸。一旦復來，且輸十萬。坤既獲善價，因以十千遺之。俄見王生，易衣裝，置僕馬，至於奴婢妻子，服飾皆鮮潔。或曰："王生賣馬，金帛縑資幾三四百萬。"坤甚驚，試詢其事。王生初不備説，坤曰："某以無用之畜，獲價頗多，但駑駑劣之材，何以至此？"乃云："初致馬於青社監軍，舉足如有羈絆。及將還，途遇小馬坊中使，因遣留試。信宿而往，不復見焉。密詢左右，云：'數日前魏博曾進一馬，毛骨大小，與此正同。聖人常乘打球，駿異未有其偶。將到日，方遣調習步驟，縈轉如風，今則進御數朝，所賜之物甚厚。'"王生因大索其價，遂以四十萬酬之。是以物之逢時亦有冥數，不遇其主，則駑驥莫分。乃知耨莘野，築傅巖，未遇良途，奚異於此。

龍待詔相笏丁重相于駙馬附

開成中，有龍復本者，無目，善聽聲揣骨，每言休咎，無不必中。凡有象簡竹笏，以手捻之，必知官禄年壽。宋祁補闕，有盛名於世，搢紳之士靡不傾屬，屈指翹足，期於貴達。時永樂蕭相亦居諫署，同日詣之，授以所持竹笏。復本執蕭相笏，良久，置於案上，曰："宰相笏。"次至宋補闕笏，曰："長官笏。"宋聞之不樂。相國曰："無憑之言，安足介意。"經月餘，同列於中書，候見宰相。時李朱崖方秉鈞軸，威震朝野。未見間，佇立閒談，互有諧謔。頃之，丞相遽出，宋以手板障面，笑猶未已。朱崖目之，迴謂左右曰："宋補闕笑某何事？"聞之者莫不寒心股栗。未旬日，出爲河清縣令。歲餘，遂終所任。其後，蕭相揚歷清途，自浙西觀察使入判户部，非久，乃居廊廟，俱如復本之言。

自咸通、乾符已來，京國察相者殊多，言事適中者甚少。愚之所識處士丁重，善於相人吉凶，屢有奇驗。于都尉方判鹽鐵，頻有宰弼之耗。時路相國秉鈞持權，與之不叶。一旦，重在新昌私第，值于公適至。路曰："某與之賓朋，處士垂箔細看，此人終作宰相否。"備陳飲饌，留連數刻。既去，問之曰："所見何如？"重曰："入相必矣，兼在旬月之内。"路公笑曰："見是帝王密親，復作鹽鐵使爾。"重曰："不然，請問于之恩澤，何如宣宗朝鄭都尉？"相國曰："又安可比乎？"重曰："鄭爲宣宗注意久之，而竟不爲相，豈將人事可以斟酌？某熟識于侍郎，今日見之，觀其骨狀，真爲貴者。其次，風儀秀整，禮貌謙揖，如百斛巨器，所貯尚空其半，安使不受益於禄位哉？苟逾月不居廊廟，某無復敢至門下。"路曰："處士可謂弘遠矣！"其後浹旬，果登台鉉。路相國每見朝士，大爲稱賞。由兹聲動京邑，車馬造門者甚衆，凡有所説，其言皆驗。後居終南山，好事者亦至其所。

孟才人善歌[①]

孟才人善歌，有寵於武宗皇帝，嬪御之中，莫與爲比。一旦，龍體不豫，召而問曰："我若不諱，汝將何之？"對曰："以微眇之身，受君王之寵，若陛下萬歲之後，無復生焉。"是日，俾於御榻前，歌《河滿子》一曲，聲調淒切，聞者莫不涕零。及宫中晏駕，哀慟數日而殞。禁掖近臣以小棺殯于殿側。山陵之際，梓宫重莫能舉。識者曰："得非候才人乎？"於是輿櫬以殉，遂窆于端陵之側。是歲，攻文之士或爲賦題，或爲詩目，以爲馮媛、班姬無以過也。所知者張祜

① 眉批："《雲溪友議》記此異同，未知誰是。"

有詩云："偶因清唱咏歌頻，奏入宫中二十春。卻爲一聲《河滿子》，下泉須弔孟才人。"

袁相雪换金縣令

李汧公鎮鳳翔，有屬邑編甿，因耨田，得馬蹄金一瓫。注：《漢書》武帝詔云："往者東嶽見金，又有白麟神馬之瑞，宜以黄金鑄麟狀，以叶瑞應。"蓋鑄金象馬蹄之狀。其後民間效之。里民送於縣署，沿牒將至府庭。宰邑者喜於獲寶，欲以自爲殊績，慮公藏主守不嚴，因使置於私室。信宿，與官吏重開視之，則皆爲土塊矣。瓫金出土之際，鄉社悉來觀驗，遽爲變更，靡不驚駭。以狀聞於府主，議者僉云：奸計换之。遂遣理曹掾與軍吏數人，就鞫案其事，獲金之社，咸共證焉。宰邑者爲衆所擠，摧沮莫能自白。既而詘辱滋甚，[1] 遂以爲易金伏罪。詞款具存，未窮隱用之所。遂令拘繫僕隸，脅以刑辟，或云藏於糞壤，或云投於水中，紛紜枉撓，結成獄具，備以詞案上聞。汧公覽之愈怒。俄而，因有筵席，停杯語及斯事，列坐賓客，咸共驚嘆。或云效齊人之攫，或云有揚震之癖。談笑移時，以爲胠篋穿窬，無足訝也。時袁相公滋亦在幕中，俯首略無詞對。李公目之數四，曰："宰邑非判官親懿乎？"袁相曰：

① "詘"，原作"詰"，據津本改。

“與之無素。”李曰：“聞彼之罪，何不樂之甚?”袁相曰：“某疑此事未了，更請相國詳之。”汧公曰：“换金之狀極明，若言未了，當别有見。非判官莫探情僞。”袁相曰：“诺。”因俾移獄府中按問，乃令閲瓮間，得三十五塊。詰其初獲者，即本質在焉。遂於列肆索金鎔寫，與塊形相等。既成，始秤其半，已及三百斤矣。詢其負擔人力，① 二農工訑中舁至縣境。計其負金大數，非二人以竹擔可舉。② 明其即路之時，金已化爲土矣。於是群情大豁，宰邑者遂獲清雪。汧公嘆伏無已，每言才智不如。其後履歷清途，至德宗朝，皆爲宰相。

愚嘗聞金寶藏於土，偶見者，或變其質。東都敦化坊有麟迹見於興慶觀，③ 殿宇悉皆頽毁。咸通中，畢相國再令營造，基址間得巨瓮，皆貯白金，理材者與工匠三十三人，盡懼爲官所取，乃輦木梯蓋之，以候昏黑。及夜，各以衣物苞裹而歸。明旦開之，如堅土削成銀鋌。所説與此正同。

郭鄩見窮鬼

通事舍人郭鄩，罷櫟陽縣尉，久不得調，窮居京輦，委困方甚。肸蠁間，常有二物，狀如猿玃，衣以青衣碧衣，出

① “擔”,原作“檐”,據津本改。
② “擔”,原作“檐”,據津本改。
③ “敦”,原字缺最後一筆,係避諱。

入寢興，無不相逐。凡欲舉意求索，必謂與鄠俱往。所造之間，如礙枳棘，匪惟干禄不遂，方且病於寒餒。親友見之，俱爲讎隙，或厭之以符術，或避之於山林。如此數年，竟莫能絶。一夕，處於淨室，忽來告别，云："某等承君厄運，不相離者久焉。今則候曉而行，無復至矣。"鄠既喜其去，遂詢所之。云："世路如某者甚多，但人不見耳。今之所詣，乃勝業坊王氏，其家大積金帛，將往散之，不久當竭。"鄠復問云："彼之聚斂豐盈，何以遽令散去?"云："先得計於安品子，其餘冰銷霧散。"而曉鍾忽鳴，遂失所在。鄠既興，盥漱，便覺愁憒開豁。是日試詣親友，無不改觀相接。未涉旬，於政事堂見宰相，自白，遂除通事舍人。鄠有表弟張生者，爲金吾衛佐，交游皆豪俠少年，騁駿好奇，聞之未甚爲信。知勝業坊王氏於左廣列職，其後往伺之。王氏潤屋之資，幾侔猗頓，然爲性儉約，所費未嘗過分。家有姬僕聲樂，其間端麗者至多，外之炫服冶容，造次莫迴其意。一旦，與賓朋驟過鳴珂曲，有婦人靚妝立於門首。王氏駐馬遲留，喜動顔色，因召同列者，命酒開筵，爲歡頗甚。時張生預其末，密訪於左右，即安品子，善歌。是日，歌數曲，王氏悉以金彩贈之，衆皆訝其廣費。自此輿輦資貨，日輸其門，每歡洽酒酣，略無所吝。繇是治生之業，漸屬他門，未經數年，遂至貧匱。

裴晋公天津橋遇老人

裴晋公度微時，羈寓洛中，常乘蹇驢入皇城。方上天津橋，時淮西不庭，已數年矣。有二老人傍橋柱而立，語云："蔡州用兵日久，徵發甚困於人，[①] 未知何時得平定?"忽睹裴公，驚愕而退。有僕者擕書囊後行，相去稍遠，聞老人云："適憂蔡州未平，須待此人爲將。"既歸，僕者具述其事。裴公曰："見我龍鍾，相戲爾。"其秋，東府鄉薦，明年登第。及秉鈞衡，朝廷議授吴元濟節鉞，既而延英候對，憲皇以問宰臣。裴公奏曰："奸臣跋扈四十餘年，聖朝姑務含容。蓋慮動傷一境，未聞歸心效順，乃坐據一方，若以旄鉞授之，翻恐恣其凶逆。以陛下聰明神武，藩鎮皆願勤王。臣請一詔追兵，可以平蕩妖孽。"於是命晋公爲淮西節度使，興師致討。時陳許汴滑三帥，先於偃城縣屯軍。晋公統精甲五萬會之，受律鼓行而進，直造蔡州城下。纔兩月，擒賊以獻，淮西遂平。後入朝居廊廟，六拜正司徒，爲侍中中書令。儒風武德，振耀古今。洎留守洛師，每話天津橋老人之事。

① "徵",原字缺最後一筆,係避諱。下同。

狄惟謙請雨

會昌中，北都晋陽縣令狄惟謙，梁公之後。守官清恪，有蒲密之政，撫綏勤恤，不畏强禦。屬州境亢陽，涉歷春夏，數百里水泉農畝，無不耗斁枯竭。禱於晋祠者數旬，略無陰曀之兆。時有郭天師者，本并土女巫，少攻符術，多行猒勝之道。有監軍使將至京師，因缘中貴，出入宫掖。其後軍牒告歸，遂以天師爲號。既而亢旱滋甚，闔境莫知所爲。僉言曰："若得天師一到晋祠，則災旱不足憂矣。"惟謙請於主帥，主帥難之。惟謙曰："災厲流行，甿庶焦灼，若非天師一救，萬姓恐無聊生。"於是主帥親自爲請，巫者唯而許之。惟謙乃具車輿，列幡蓋，迎於私室，躬爲控馬。既至祠所，盛設供帳，豐潔飲饌，自旦及昏，磬折於階庭之下，如此者。翌日，語惟謙曰："我爲爾飛符于上界請雨，已奉天帝之命，必在虔懇至誠，三日雨當足矣。"繇是，四郊士庶奔走雲集，三夕于兹，曾不降雨。又曰："此土災沴所興，亦由縣令無德。我爲爾再上天請，七日方合有雨。"惟謙引罪於己，奉之愈恭。俄而，又及所期，略無霑霔。郭乃驟索馬入州宅，惟謙拜留曰："天師已爲萬姓此來，更乞至心祈禱。"於是勃然而怒，駡曰："庸瑣官人，不知道理，天時未肯下雨，留我將復奚爲！"惟謙謝曰："非敢更煩天師，候明旦排比相送耳。"

於是，惟謙宿誡左右曰：“我爲巫者所辱，豈可復言爲官？明晨别有指揮，汝等或須相禀，是非好惡，縣令當之。”及曉，伺門未開，郭已嚴飾歸騎，常供設肴醴，一無所施，坐於皇堂，大恣呵責。惟謙曰：“左道女巫，妖惑日久，當須斃在兹日，焉敢言歸!”叱左右坐於神前，鞭背三十，投於潭水。祠後有山，高萬千丈，遽令設席焚香，從吏悉皆放還，簪笏立於其上。於是合縣駭愕，云：“長官打殺天師。”馳走者紛紜，觀者如堵。是時炎旱累月，礫石流金，晴空萬里，略無纖翳。祠上忽有片雲如車蓋，俄頃漸高，先覆惟謙立所，四郊雲物隨之而合。雷震數聲，甘澤大澍，焦原赤野，無不滋潤。於是士庶數千，自山頂擁惟謙而下。州將以杖殺巫者，初亦怒之，既而精誠有感，深加嘆異，與監軍發表上聞。俄有詔書褒獎，賜錢五十萬，寵賜章服，爲絳、隰二州刺史，所理咸有政聲。

敕書云：狄惟謙，劇邑良才，忠臣華胄。睹此天厲，將瘴下民，當請禱於晋祠，類投巫於鄴縣。曝山椒之畏景，事等焚軀。起天際之油雲，法同翦爪。遂使旱風潛息，甘澤旋流。天心猶鑒於克誠，余志豈忘於褒善。特頒朱紱，俾耀銅章，勿替令名，更昭殊績。

王侍中題詩

王侍中智興，武略英奇，初授徐方節制，雄才磊落，有命世間生之譽。幕府既開，所辟皆是儒者。一旦，從事於使院會飲，與從容賦詩。頃之，達於王公，乃召護軍俱至。從事乃屏去翰墨，但以杯盤迎接。良久，問之曰：“適聞判官與諸賢作詩，何得見某而罷？”遽令卻取筆硯，復以彩箋數十幅散於座。衆賓相顧遲疑，將俟行觴舉樂。復曰：“本來欲觀製作，非以飲酒爲意。”時小吏亦以箋翰置於王公之前，從事禮爲揖。王公曰：“前某以韜略發迹，未嘗留心章句。今日陪奉英髦，不免亦陳愚懇。”遂乃引紙援毫，頃刻而就。云：“平生弓劍自相隨，剛被郎官遣作詩。江南花柳從君咏，塞北烟塵我自知。”四座覽之，驚嘆無已。咸云：“忠烈詞彩，雖曹景宗、賀若弼，無以加也。”曹景宗於御座探韻賦詩云：“去時兒女悲，歸來笳鼓競。借問路傍人，何如霍去病。”宋帝覽之，稱賞無已。又隋將賀若弼《贈源雄》詩云：“交河驃騎幕，合浦伏波營。莫使騏驎上，無我二人名。”時文人張祜亦預此筵，監軍謂之曰：“睹兹盛事，豈得無言？”祜即席爲詩以獻。云：“古來英傑動寰區，武德文經未有餘。王氏柱天勛業外，李陵章句右軍書。”王公覽之，笑曰：“褒飾之詞，可謂無所愛惜。”左右或言曰：“書生之徒，務爲諂佞。”王公叱之曰：“有人道我惡，汝輩又肯否？張秀才海内知名，篇什豈易得？天下人間，且以爲王智興樂善矣。”留駐數月，贈行以絹千匹。其後移鎮蒲津，子晏平仗節靈武，四遠多士，翕然歸向。風烈遺芳，迄于今日。

道流相夏侯譙公

張侍郎爲河陽烏司徒從事，同幕皆至。有道士殷九霞，[①]來自青城山，有知人之鑒。烏公問以年壽官禄，九霞曰：“司徒貴極藩服，所望者秉持鈞軸，建茅土，惟在保守勛庸。苞貯仁義，享福隆厚，殊不可涯。”既而遍問賓僚。九霞曰：“其間必有台輔。”時烏公器重裴副使，應聲曰：“裴中丞是宰相否？”九霞曰：“若以目前人事言之，當如尊旨。以某所觀，即不在此。”時夏侯相國爲館驛巡官，形質低悴，烏因戲曰：“裴副使不作宰相，莫是夏侯巡官否？”對曰：“司徒所言是矣。”烏公撫掌而笑曰：“尊師莫錯否？”九霞曰：“某山野之人，早修直道，無意於名宦金玉，蓋以所見，任直而道耳。”烏公曰：“如此，則非某所知也。然其次貴達者爲誰？”曰：“張支使雖不居廊廟，履清途，亦至榮顯。”既出，遂造張侍郎所居。從容謂曰：“支使神骨清爽，氣韻高邈，若以紱冕累身，至於三二十年居於世俗。儻能擺脱囂俗，相逐學道，

① “殷”，原字缺最後一筆，係避諱。下同。

即三十年内，白日升天。某之此行，非有塵慮，實亦訪尋修真之士耳。然閲人甚多，無如支使者。”張以其言意浮闊，但唯之而已。將去復來，情甚懇至，審知張意不迴，頗甚嗟惜。因留藥數粒，并黄紙書一緘而别去。云：“藥數粒，服之可以無疾。書紀宦途所得，每一遷轉，密自啓之，書窮之辰，當復相憶。”其後譙公顯赫令名，再居鼎鉉。張果踐朝列，出入臺省，佩服朱紫，廉察數州，書載之言，靡不詳悉。年及三紀，時爲户部侍郎，書之所存，蓋亦無幾。雖名位通顯，而齒髮衰退。每言道流之事，話於親友，追想其風，莫能及矣。

華山龍移湫

咸通九年春，華陰縣南十餘里，一夕風雷暴作，有龍移湫，自遠而至。先是，崖壠高亞，無貯水之所。此夕，迴從數丈小山，從東西直亘南北，峰巒草樹，一無所傷，碧波迴塘，湛若疏鑿。京洛行旅，無不枉道而觀。有好事者，自輦轂、蒲津相率而至，車馬不絶，逮於累月。京城南靈應臺有三娘子湫，與崖相近，水波澄明，莫測深淺。每秋風摇落，未嘗有草木飄泛其上。或睹片葉纖莖，必有飛鳥銜而去之。祈禱者多致花鈿粉黛及綺羅之類，啓祝投之，欻然而没。乾符初，有朝士數人，同游終南山，遂及湫所，因話靈應之事。

其間有不信者，試以木石投之。俄有巨魚躍出波心，鱗甲如雪。忽有風雨冥晦，車馬幾爲暴水所漂。邇後人愈敬之，莫有取犯者。

田膨郎偷玉枕

文宗皇帝常持白玉枕，德宗朝于闐國所獻。追琢奇巧，蓋希代之寶。置於寢殿帳中，一旦忽失所在。然而禁衛清密，非恩澤嬪御，莫能至者，珍玩羅列，他無所失。上驚駭移時，下詔於都城索賊。密謂樞近及左右廣中尉曰："此非外寇入之爲，盜者當在禁掖，苟求之不獲，且虞他變。一枕誠不足惜，卿等衛我皇宫，必使罪人斯得，不然天子環列，自兹無用矣。"内官惶栗謝罪，請以浹旬求捕。大懸金帛購求，[1] 略無尋究之所。聖旨嚴切，收繫者漸多，坊曲閭巷，靡不搜捕。有龍武二番將軍王敬弘，常蓄小僕，年甫十八九，神彩俊利，使之無往不届。敬弘曾與流輩於威遠軍會宴，有侍兒善鼓胡琴，四座酒酣，因請度曲。辭以樂器非妙，須常御手者彈之。鐘漏已傳，取之不及，因起解帶。小僕曰："若要琵琶，頃刻可至。"敬弘曰："禁鼓纔動，軍門已鎖，尋常汝豈不見，何言之謬也！"既而就飲數巡，小僕以綉囊將琵琶而至。座客歡

① "大"，原作"犬"，據津本改。

笑曰："樂器本相隨，所難者惜其妙手。"南軍去左廣，迴復三十里，入夜且無行伍，既而倏忽往來，敬弘驚異如失，時又搜捕嚴緊，意以竊盜疑之。宴罷及明，遽歸其第，引而問曰："使汝累年，不知趫捷如此。我聞世有俠客，汝莫是否？"小僕謝曰："非有此事，但能行爾。"因言："父母俱在蜀中，頃年偶至京國，今欲卻歸鄉里。有一事欲以報恩，偷枕者已知姓名，三數日當令伏罪。"敬弘曰："如此即事非等閒，因兹令活者不少。未知賊在何許，可報司存掩獲否？"小僕曰："偷枕者，田膨郎也。市鄽軍伍，行止不恒，[1] 勇力過人，且善超越。苟非伺便折其足，雖千兵萬騎，亦將奔走。自兹再宿，候之於望仙門，伺便擒之必矣。將軍隨某觀之，此事仍須秘密。"是時涉旬無雨，向曉埃塵頗甚，車馬踐蹋，人不相見。膨郎與少年數輩，連臂將入軍門，小僕執球杖擊之，欻然已折左足。仰而覩之曰："我偷枕來，不怕他人，惟懼於爾。既而相值，豈復多言。"於是舁至左軍，一款而伏。上喜於得賊，又知獲在禁旅，引膨郎臨軒詰問，具陳常在宫掖往來。上曰："此乃任俠之流，非常竊盜。"内外囚繫數百，於是悉令原之。小僕初得膨郎，已告敬弘歸蜀，於是尋之不可，但賞敬弘而已。

---

① "恒"，原字缺最後一筆，係避帝王諱。

洛中大水

咸通四年秋，洛中大水，苑囿廬舍，靡不淹没。厥後，香山寺僧云：其日將暮，見暴水自龍門川北下，有如決江海。鼓怒之間，殷若雷震，有二黑牛出於水上，掉尾躍空而進。衆僧與居人憑高望之，謂城中悉爲魚矣。俄見定鼎、長夏二門，陰曀忽開，亦有青牛奮躍而出，相去約有百步。黑牛奔走而迴，向之怒浪驚瀾，翕然遂低數丈。是夕飄溺尤甚，京邑遂至蕭條。十餘年間，尚未完葺。① 先是，皇城守閽者，白晝聞五鳳樓中有人歌云："天津橋畔火光起，魏王堤上看洪水。"時鄭相國涯留守洛師，聞之以爲妖妄。經月餘，從事宴罷夜歸，執燭者有火燼遺落，騎從纔過，烟焰已高，救之不及，遂燒其半。及潦將興，谷洛先漲，魏王與月波二堤俱壞，乃明閽者之言。

李朱崖知白令公

白中書方居郎署，未有知者，唯朱崖李相國器之，許於搢紳間，多所延譽。然而資用不充，無以祗奉僚友。一旦，

① "完",原字缺最後一筆,係避諱。

相國遺錢十萬，俾爲酒肴之備，約省閣名士數人，剋日同過其第。時秋暮陰沉，涉旬霖瀝，賀拔惎員外求官未遂，將欲出京薄游，與白公同年登第，贏駒就門告别。閽者以方俟朝客，乃以他適對之。賀拔惎遂駐車留書，備述羈游之意。白公覽書嘆曰："丈夫處世，窮達當有時命，苟不才以僥倖取容，未足爲發身之道。豈家蓄美饌，止邀當路豪貴，曩時登第貧交，今日閉關不接。縱使便無榮顯，又安得不愧於懷？"遽令僕者命賀拔惎回車，遂以杯盤同費。俄而所約朝賢，聯騎而至。閽者具陳賀拔惎從容，無不惋愕而去。翌日，於私第謁見，相國詢朝士來者爲誰，白公對以："賓客未至，適有同年出京訪别，憫其龍鍾委困，不忍弃之，留飲數杯，遂闕祗接。既負吹噓之際，甘從譴斥之罪。"相國稱賞逾時，云："此事真古人之道，由兹貴達，所以激勸澆薄。"不旬月，自使下評事，先授美官。白公以庫部郎中入爲翰林學士。未逾三載，便秉鈞衡。其後五鎮藩維，再居廊廟。蹈義懷仁，而終始一致，流芳傳素，士林美之。大中初，邊鄙不寧，土蕃尤甚，恣其倔強。宣宗欲致討伐，遂於延英殿先問宰臣。公首奏興師，請爲統帥，沿邊藩鎮兵士數萬，鼓行而前。時犬戎列陣平川，以生騎數千伏藏山谷。既而得於諜者，遂設奇兵待之。有蕃中首帥，衣緋茸裘，繫寶裝帶，所乘白馬駿異無比。鋒鏑未交，揚鞭出於陣面者數四，頻召漢軍鬥將。白公誡兵士無得應之。俄而，駐軍指揮，背我師百餘步而立。

有潞州小將，驍勇善射，請快馬彎弧而出，連發兩矢，皆中其項。躍馬而前，抽短劍踣於鞍上，以手扶挾，如鬥敵之狀。蕃將士卒，但呼噪助之。於是脱緋裘，解金帶，奪馬而還，師旅無不奮勇。既大戰沙漠，虜陣瓦解土崩，乘勝追奔，幾及黑山之下。所獲駝馬輜重，不可勝計，束手而降三四千人。先是，河湟關郡界内在匈奴，自此悉爲内地。宣皇初覽捷書，云："我知敏中必殄凶醜。"白公凱旋，與同列宰相進詩云："一詔皇城四海頒，醜戎無數束身還。戍樓吹笛人休戰，牧野嘶風馬遽閒。河水九盤收數曲，隴山千里鎖諸關。西邊北塞今無事，爲報東南夷與蠻。"馬相植詩云："舜德堯仁化犬戎，許提河隴款皇風。指揮貔武皆神算，開拓乾坤是聖功。四帥有征無汗馬，七關雖戍已弢弓。天留此事還英主，不在他年在大中。"魏相扶詩云："蕭關新復萬山川，古戍秦原象緯鮮。戎虜乞降歸惠化，皇威漸被懾腥膻。穹廬遠戍烟塵滅，神武光揚竹帛傳。左衽盡知歌帝澤，從兹不更備三邊。"崔相鉉詩云："邊陲萬里注恩波，宇宙群方洽凱歌。右地名王爭解辮，遠方戎壘盡投戈。烟塵永息三秋戍，瑞氣遥清九折河。共偶聖明千載運，更觀俗阜與時和。"

卷　下

將仕郎崇文館校書郎康駢　述

劉相國宅

通義坊劉相國宅，本文宗朝朔方節度使李進賢舊第。進賢起自戎旅，而倜儻瑰瑋，累居藩翰，富於財寶。雖豪侈奉身，雅好賓客。有中朝宿德，常話在名場日，失意邊游，進賢接納甚至。其後京華相遇，時亦造其門。屬牡丹盛開，因以賞花爲名，及期而往。聽事備陳飲饌，宴席之間，已非尋常。舉杯數巡，復引衆賓歸内，室宇華麗，楹柱皆設錦綉，列筵甚廣，器用悉是黄金。階前有花數叢，覆以錦幄。妓妾俱服紈綺，執絲簧、善歌舞者至多。客之左右，皆有女僕雙鬟者二人，所須無不必至，承接之意，常日指使者不如。芳酒綺肴，窮極水陸，至於僕乘供給，靡不豐盈。自午迄於明晨，不睹杯盤狼籍。朝士云：邇後歷觀豪貴之屬，筵席臻此者甚稀。厥後進賢徙居長興，其宅互爲他人所有。咸通中，劉相國罷北京亞尹,① 復爲翰林學士。數歲後，自承旨入相，尚以十千税焉。及出鎮荆南，朝野無不惋惜，都城士庶以少及長，聞之俱爲涕泣。其後興化蕭相登庸，舉爲自代。表云："正人吞聲而扼腕，百姓掩淚於道途。"是時，升道鄭相國在内庭,② 夜草麻制，具述其事。云："安數畝之居，仍非已有。卻四方之賂，惟畏人知。"是時，都下傳寫，爲之紙貴。持權者睹其詞大怒,③ 鄭公自翰林承旨左遷梧州，相國自端溪竄於日南，謫居四年，方獲清雪，以秘書監召還。未久，復持鈞軸。或將甲第爲獻，竟無所受。復於此宅寓居，庭宇不加修飾。清風儉德，充塞寰宇。

君子曰：仁義之感物也大哉！劉公知帝道欽明，欲賢人盡舉，四海之内，翕然向風。雖謫居累年，再升鼎飪。奸邪之口不能掩其善，魑魅之域不能陷其身。振譽一時，流芳千載，豈不偉歟！其有冒官爵，叨貨賄，怙寵專權，身存名滅者，一何謬哉。

李相國宅

朱崖李相國德裕宅，在安邑坊東南隅，桑道茂謂爲"玉

① 眉批"劉瞻"。按《舊唐書》卷一百七十八有傳。
② 眉批"鄭畋"。按《舊唐書》卷一百七十七有傳。
③ 眉批"路巖"。按《舊唐書》卷一百七十七有傳。

碗”。舍宇不甚宏侈，而制度奇巧，其間怪石古松，儼若圖畫。在文宗、武宗朝，方秉化權，威勢與恩澤無比。每好搜掇殊異，朝野歸附者，多求寳玩獻之。甞因暇日休澣，邀同列宰相及朝士宴語。時畏景赫曦，咸有鬱蒸之病。軒蓋候門，已及亭午，搢紳名士，交扇不暇，將期憩息於清涼之所。既而延於小齋，不甚高敞，四壁施設，皆古書名畫，俱有炎爍之慮。及别列坐開樽，煩暑都盡。良久，覺清飆爽氣，凛若高秋。備設酒肴，及昏而罷。出户則火雲烈日，熇然焦灼。有好事者，求親信問之。云：“此日唯以金盆貯水，漬白龍皮，置於座末。”龍皮有新羅僧得自海中。云：海旁有居者得之於漁扈，其初以爲鱗介之屬，曾有老人見而識之。僧知相國好奇，因以金帛贖之而獻。又暖金帶、辟塵簪，皆希代之寶。及南遷，悉爲惡溪沉溺。使昆侖没水求之，在鰐魚穴，不能取。平泉莊去洛城三十里，卉木臺榭，若造仙府。有虚檻，前引泉水，縈迴穿鑿，像巴峡、洞庭、十二峰、九派，迄于海門，皆隱隱見雲霞、龍鳳、草樹之形。有巨魚脅骨一條，長二丈五尺，其上刻云：“會昌六年，海州送到。”在東南隅，即徵士韋楚老拾遺别墅。楚老風韻高致，雅好山水。相國居廊廟日，以白衣擢升諫署，後歸平泉，造門訪之，楚老避于山谷。相國題詩云：“昔日徵黄詔，余慚在鳳池。今來招隱士，恨不見瓊枝。”

又新昌北街牛相國宅，即玄宗朝將作監康䛒舊第，桑道茂謂之“金杯”，俱出良相者也。

慈恩寺牡丹

京國花卉之晨，尤以牡丹爲上。至于佛宇道觀，游覧者罕不經歷。慈恩浴堂院，有花兩叢，每開及五六百朵，繁艷芬馥，近少倫比。有僧思振，常話會昌中，朝士數人尋芳，遍詣僧室。時東廊院有白花可愛，相與傾酒而坐，因云："牡丹之盛，蓋亦奇矣。然世之所玩者，但淺紅深紫而已，竟未識紅之深者。"院主老僧微笑曰："安得無之？但諸賢未見爾。"於是從而詰之，經宿不去。云："上人向來之言，當是曾有所睹。必希相引寓目，春游之願足矣。"僧但云："昔於他處一逢，蓋非輦轂所見。"及旦，求之不已，僧方露言曰："衆君子好尚如此，貧道又安得藏之？今欲同看此花，但未知不泄於人否？"朝士作禮而誓云："終身不復言之。"僧乃自開一房，其間施設幡像，有板壁遮以舊幕。幕下啓開而入，至一院，有小堂兩間，頗甚華潔，軒廡欄檻，皆是柏材。有殷紅牡丹一窠，婆娑幾及千朵。初旭纔照，露華半晞，濃姿半開，炫耀心目。朝士驚賞留戀，及暮而去。僧曰："予保惜栽培近二十年矣，無端出語，使人見之，從今已往，未知何如耳。"信宿，有權要子弟與親友數人同來入寺，至有花僧院，從容良久，引僧至曲江閒步。將出門，令小僕寄安茶笈，裹以黄帕。於曲江岸，藉草而坐。忽有弟子奔走而來，云有數十人入院掘花，禁之不止。僧俯首無言，唯自吁嘆。坐中但相盼而笑。既而卻歸至寺門，見以大畚盛花，舁而去。取花者徐謂僧曰：“竊知貴院舊有名花，宅中咸欲一看，不敢預有相告，蓋恐難於見舍。適所寄籠子，中有金三十兩、蜀茶二斤，以爲酬贈。”

管萬敵遇壯士

會昌中，左軍壯士管萬敵，富有膂力，扛鼎挾輈，衆所推伏。一日，與儕輩會于東市酒肆，忽有麻衣張蓋者，直入其座，引觥而飲，傍若無人。萬敵振腕瞋目，略無所憚。同席恃勇之輩，共爲推挽，竟不微動，而觀者漸衆。乃言曰：“某與管供奉較力，以定強弱，先請供奉拳某三拳，後乞搭供奉一搭。”遂袒膊抱樓柱而立。萬敵怒其輕已，欲令殞于手下，盡力拳之，如扣木石。觀者咸見樓柱與屋宇俱震，其人略不微動。既而笑曰：“到某搭供奉矣。”於是奮臂而起，掌大如箕，高及丈餘，屹屹而下。前後有力之輩，方甚恐栗，知非常人。衆擁萬敵，謝而去之。俄失所在。萬敵寢瘵月餘，力遂消減。

張季弘逢惡新婦

咸通中，有左軍張季弘，勇而多力。嘗雨中經勝業坊，遇泥濘深隘，有村人驅驢負薪而至，適當其道。季弘怒之，因捉驢四足，擲過水渠數步，觀者無不驚駭。後供奉襄州，暮泊商山逆旅。逆旅有老媪，謂其子曰："惡人將歸矣，速令備辦茶飯，勿令喧噪。"既而愁憤吁嘆，咸有所懼。季弘問之，媪曰："有新婦悖惡，制之不可。"季弘曰："向來見媪憂恐，有何事，若是新婦，豈不能共語?"媪曰："客未知子細，新婦壯勇無敵，衆皆畏懼，遂至於此。"季弘笑曰："其他則非某所知，若言壯勇，當爲主人除之。"母與子遽叩頭曰："若此，則母子無患矣。雖然窮闕，當爲酬贈。"頃之，鄰伍鄉社悉來觀視。日暮，婦人負束薪而歸，狀貌亦無他異。逆旅後囿有盤石，季弘坐其上，置騾鞭於側，召而謂曰："汝是主人新婦，我在長安城即聞汝倚有氣力，不伏承事阿家，豈敢如此!"新婦拜季弘曰："乞押衙不草草，容新婦分雪：新婦不敢不承事阿家，自是大人憎嫌新婦。"其媪在傍謂曰："汝勿向客前妄有詞理!"新婦因言曰："只如某年月日，如此事，豈是新婦不是?"每言一事，引手於季弘所坐石上，以中指畫之，隨手作痕，深可數寸。季弘汗落神駭，但言道理不錯。闔扉假寐，伺晨而發。及迴，問之，新婦已他適矣。

玉蕊院真人降

上都安業坊唐昌觀，舊有玉蕊花甚繁。每發，若瑶林瓊樹。元和中，春物方盛，車馬尋玩者相繼。忽一日，有女子年可十七八，衣綉緑衣，乘馬，峨髻雙鬟，無簪珥之飾，容色婉約，迥出於衆。從以二女冠、三女僕，僕者皆丱頭黄衫，端麗無比。既下馬，以白角扇障面，直造花所，異香芬馥，聞於數十步之外。觀者以爲出自宫掖，莫敢逼而視之。佇立良久，令小僕取花數枝而出。將乘馬迴，謂黄冠者曰："曩者玉峰之約，自此可以行矣。"時觀者如堵，咸覺烟霏鶴唳，景物輝焕。舉轡百步，有輕風擁塵，隨之而去。須臾塵滅，望之已在半天，方悟神仙之游。餘香不散者經月餘日。時嚴給事休復、元相國、劉賓客、白醉吟，俱有《聞玉蕊院真人降》詩。嚴給事詩曰："味道齋心禱至神，魂消眼冷未逢真。不知滿樹瓊瑶蕊，笑對藏花洞裏人。"又云："羽車潛下玉龜山，塵界無由睹蕣顔。唯有無情枝上雪，好風吹綴緑雲鬟。"元相國詩曰："弄玉潛過玉樹時，不教青鳥出花枝。的應未有諸人覺，只是嚴郎卜得知。"劉賓客詩云："玉女來看玉樹花，異香先引七香車。攀枝弄雪時迴首，驚怪人間日易斜。"又云："雪蕊瓊絲滿院春，羽衣輕步不生塵。君王簾下徒相問，長記吹簫别有人。"白醉吟詩云："嬴女偷乘鸞去時，洞中潛歇弄瓊枝。不緣啼鳥春饒舌，青瑣仙郎可得知。"

宰相布施

乾符中，有宰相自中書還第，使人以布囊盛錢數千，沿路以施丐者。於是貧乏相率羅列路隅，所分既微，漸不能普。台鉉行李，無復威儀。時有朝士，投箋諫之。其略云："方今兵寇互興，民力凋弊。所望明公弼成大化，彌綸紀綱，舉賢任能，以光庶事。俾萬物各得其理，百姓日用不知。損不急之官，杜私門之請。如此則刑清俗富，天下自無窮人。不宜專政廟堂，方行小惠。昔子産以已車濟人於溱洧，君子謂不知爲政，不如以時修橋梁。惟明公察焉。"執政者覽書憑怒。俄而巢寇陷京，遂及於難。

崔道樞食井魚

中書舍人韋顔子婿崔道樞，舉進士。乾符二年春，下第歸寧漢上所居。因井渫，得鯉魚一頭，長可五尺，鱗鬣金色，目光射人。所視異於常魚，令僕投于江水。道樞與表兄韋氏，密備鼎俎，烹而食之。經信宿，韋得疾暴卒。有碧衣人引至府舍，廨宇頗甚嚴肅。既入門，見廳事有女人，[①] 戴金翠冠，著紫綉衣，據案而坐。左右侍者皆黄衫金櫛，如宫内之飾。有一人吏，從執簿領而出，及軒陛間，付雙鬟青衣著於綉衣案上。更引韋生東廡曹署，理詰殺魚之狀。韋引過道樞，云："非某之罪。"吏曰："此雨龍也，若潛伏於江海湫湄，雖人所食，即無從而辨矣。但昨者得之於井中，崔氏與君又非愚昧，殺而啖之，俱難獲免。然君且卻還，試與崔廣爲佛道功德，庶幾消滅其過。自兹浹旬，當復相召。"韋忽然而寤，具以所説，話於眷屬。命道樞具述其事，道樞雖懷憂迫，亦未深信。纔經及旬餘，韋生果殁。韋乃道樞姑之子也。數日後寄夢於母云："以殺魚獲罪，所至之地即水府，非久當受重譴，可急修黄籙道齋，尚冀得寬刑辟。表兄之過亦成矣，今夕當自知其事。"韋母泣告道樞，及暝，昏然而寢，復見碧衣人引至公署，俱是韋之所述。俄有吏執黑紙丹書文字，立道樞於屏側，疾趨而入，見綉衣操筆而書訖。吏接之而出，令道樞覽之。其初云："某，官登四品，年至七十二。"其後有判詞云："崔道樞所害雨龍，事關天府，原之不可。按罪急追，所有官爵並皆削除，年壽亦減一半。"時道樞三十五矣，夜分而寤，恍惚悲涕，莫知所爲。時節在冬季，其母方爲修崇福力。纔及春首，抱疾數日而終。時崔之妻孥，

① "廳"，原作"聽"，據津本改。

咸在京師，紫微備述其事。舊傳夔州及牛渚磯皆是水府，未詳道樞所至何所也。

洛中豪士

乾符中，洛中有豪貴子弟，承藉勛蔭，物用優足。恣陳錦衣玉食，不以充詘爲戒，飲饌華鮮，極口腹之欲。有李史君出牧罷歸，居止亦在東洛，深感其家恩舊，欲召諸子從容。有敬愛寺僧聖剛者，常所來往，李因以其宴爲説。僧曰：“某與之門徒久矣。每見其飲食，窮極水陸滋味，常饌必以炭炊，往往不愜其意。此乃驕逸成性，史君召之可乎？”李曰：“若求象白、猩唇，恐不可致，止於精潔，修辦小筵，未爲難事。”於是廣求珍異，俾妻孥親爲調鼎，備陳綺席雕盤，選日爲請。弟兄列坐矜持，儼若冰玉。肴羞每至，曾不下箸。主人揖之再三，唯沾果實而已。及至水餐，俱致一匙於口，然相眄良久，咸若餐荼食蘗。李莫究其由，以失飪爲謝。明日復睹聖剛，備述諸子情貌。僧曰：“某前所説豈謬哉？”而因造其門以問之曰：“李史君特備一筵，庖膳間可爲豐潔，何不略領其意？”諸子曰：“燔炙煎和，未得其法。”僧曰：“他物縱不可食，炭炊之飯又嫌何事？”復曰：“上人未知。凡以炭炊飯，先燒令熟，謂之煉火，方可入爨，不然，猶有烟氣。李史君宅炭不經煉，是以難於餐啖。”僧撫掌大笑曰：“此非貧道所知也。”及大寇先陷瀍洛，財産剽掠俱盡，昆仲數人，與聖剛同時竄避，潛伏山草，不食者三日。賊鋒稍遠，徒步將往河橋，道中小店始開，以脱粟爲餐而賣。僧囊中有錢數文，買於土杯同食，腹囂既甚，粱肉之美不如。僧笑而謂曰："此非煉炭所炊，不知可與諸郎君吃否?”但低首慚靦，無復詞對。

古人云：膏粱之性難正，其此之謂乎？是以聖人量腹而食，賢者戒於奢逸。宋武帝幸武帳堂，將往，敕諸子弟勿食，至會所賜饌。日旰而食不至，咸有飢色。帝謂曰："爾曹少長驕貴，不見百姓艱難。今使爾等識有飢苦，知以節儉期物。”前聖用心同旨哉。

鳳翔府舉兵討賊

巢寇攻陷宫闕，近京藩鎮悉無兵備。初，王仙芝敗衄，黄寇引餘黨南走交廣。朝廷以高駢令公統帥諸道兵師，於江湖屯據要路。議者以爲高令公弈世名將，可以坐制凶渠。及賊徒擁衆北來，浮舟遂逼淮甸，於天長縣廣布營寨駐泊。高令公既不出軍，但閉關自保而已。賊鋒因此彌鋭，長驅遂涉淮北。時齊相公領青州，睹蜂蟻強衆亦不敢進，卷旆遄征，或於中路遲留。藩屏既無捍禦，廟堂復失機謀，盜遍九衢乃未知覺，豈不異哉！時李相鎮蒲津，鄭相國鎮岐下，既聞車馬播遷，俱有勤王之念。① 鄭相國率賓僚將校，共巡城壘，雉堞池隍，悉皆毁塞，計其修築之功，萬旅月餘未竟。而賊鋒方盛，立虞奔軼。明晨復召從事大將，坐於内廳，② 詢以謀計。咸以巨盜方熾，未可枝梧，衆議且欲從權，俟兵集乃圖收復。相國曰："諸君勸某臣賊乎？"於是欻然而倒，左右扶之不及，爲地甃所傷，面首皆破。洎日午達於明旦，口喑尚未能語。是時關輔征鎮，咸已歸款，唯鳳翔信耗不通。賊議興師致討，有奔來者具述其事，於是監軍與僚佐代爲表章，使兩騎馳至京國。賊徒覽之大喜，遣王懷顺將百餘人，厚齎彩繒金玉，以申慰勞之意。既而，開筵以待懷顺。宴席施設，侔於曩日，列坐行觴，將陳飲饌。樂工纔合管弦，文武軍吏及聲妓一時慟哭。監軍從事雪涕止之，良久方定。懷顺與來者皆駭愕相眄。就食，乃問其由，時吏部孫侍郎亦在幕中，對曰："相國自鎮此方，恩及萬物。聽政之暇，時命音樂與將吏交歡。遽及風疹所侵，今辰不赴兹會，衆聞絲竹聲，不覺悲泣耳。"是日合城老幼，咸共淒傷。相國聞之，曰："我知億兆人民之心，未厭唐德。賊勢雖甚，竊據宫闕，滅亡當在旦夕。"於是密飛羽檄，告於鄰道會兵。旬朔間，邠、涇、洋、隴及沿邊藩鎮，俱以鋭師來集。既而，神策守鎮軍士聞風，亦至麾下。一旦，

① "念"，原作"志"，據津本改。
② "廳"，原作"聽"，據津本改。

賊中遣千餘人，大索糧糗。于時烽候已嚴，偵邏殊密，[1] 雲旗霜刃，森羅於百里之内。賊入界大驚，俱就擒戮。有後殿者，奔以狀告，凶黨無不奪魄。陷京黔庶，亦思奮勇。初，有走還京中者云："鳳翔鄭相公已叛黄王，兵士甚衆。"巢聞之殊不介意，言："我行卻半天下，所至無不收剋，直至高令公猶不敢出軍敵我，鄭相國擬作何計？"唯趙、張、王、潘聞之，已爲奔軼之備也。俄而蒲關、晋絳、并汾澤潞，及河北三鎮，並舉雄師，翕然響附。相國伏節訓兵，援旗誓衆，摧鋒篤戰，累銼凶渠，首運奇謀，終摧巨孽。其後請朝庸蜀，復秉化權，匡國濟時，終始一致，文經武緯，何謝古人。詩云："維嶽降神，生甫及申。維申及甫，維周之翰。"相國有焉。

老君廟畫

東都北邙山有玄元觀，[2] 南有老君廟，臺殿高敞，下瞰伊洛。神仙泥塑之像，皆開元中楊惠之所製，奇巧精嚴，見者增敬。壁有吴道玄畫五聖真容及老子廟胡經事，丹青絶妙，古今無比。杜工部題詩云："配極玄都閟，憑高禁禦長。守祧嚴具禮，掌節鎮非常。碧瓦初寒外，金莖一氣旁。山河扶綉户，日月近雕梁。仙李蟠根大，猗蘭奕葉光。世家遺舊史，道德付金王。畫手看前輩，吴生遠擅場。

---

① "偵"，原字缺最後一筆，係避偏諱。

② "玄"，原字缺最後一筆，係避帝王諱。下同。

森羅移地軸，妙絶動宫墻。五聖聯龍衮，千官列雁行。冕旒俱秀發，旌旆盡飛揚。翠柏深留景，紅梨迥得霜。風箏吹玉柱，露井凍銀牀。身退卑周室，經傳拱漢皇。谷神如不死，養拙更何鄉。”敬愛寺復有雉尾病龍，莫知畫者誰氏。繪事奇巧，皆入神之迹。雉尾在東廡觀音院，天王部從中，緋衣神人抱野雉一隻，逼而觀之，勢若飛動。政平坊安國觀，明皇朝玉真公主所建。門樓高九十尺，而柱端無栱枓。殿南有精思院，琢玉爲天尊老君之像，葉法善、羅公遠、張果先生並圖之於壁。院南池沼，引御渠水注之，壘石像蓬萊、方丈、瀛洲三山。女冠多上陽退宫嬪御，其東與國學相接。咸通中，有書生云：“每清風朗月，即聞山池之内步虚笙磬之音。”盧尚書有詩云：“夕照紗窗起暗塵，青松遶殿不知春。君看白首誦經者，半是宫中歌舞人。”

白傅乘舟

白尚書爲少傅，分務洛師。情興高逸，每有雲泉勝境，靡不追游。常以詩酒爲娱，因著《醉吟先生傳》以叙。盧尚書簡辭有别墅，近枕伊水，亭榭清峻。方冬，與群從子侄同游，倚欄眺玩嵩洛。俄而，霰雪微下，情興益高，因話廉察金陵：“常記江南烟水，每見居人以葉舟浮泛，就食菰米鱸魚，近來思之，如在心目。”良久，忽見二人衣蓑笠，循岸而來，牽引水鄉蓬艇。船頭覆青幕，中有白衣人與衲僧偶坐。

船後有小竈，安桐甑而炊，丱角僕烹魚煮茗。溯流過於檻前，聞舟中吟嘯方甚。盧撫掌驚嘆，莫知誰氏。使人從而問之，乃曰："白傅與僧佛光，同自建春門往香山精舍。"其後每遇親友，無不話之，以爲高逸之情莫能及矣。

嚴史君遇終南山隱者

大中末，建州刺史嚴士則，本穆宗朝爲尚醫奉御，頗好真道。因午日於終南山采藥，迷誤於巖嶂之間，不覺遂行數日，所齎糗糧既盡，四遠復無居人，計其道路，去京不啻五六百里。然而林岫深僻，風景明麗。忽有茅屋數間，出於松竹之下，烟蘿四合，纔通小徑。士則連扣其門，良久竟無出者。窺其籬隙之内，有一人，於石榻偃卧看書。推户直造其前，方乃攝衣而起。士則拜罷，自陳行止，因遣坐于盤石之上，亦問京華近事，復詢天子嗣位幾年。云："自安史犯闕居此，迄于今日。"士則具陳奔馳涉歷，資糧已絶，迫於枵腹，[1] 請以食饌救之。隱者曰："自居山谷，且無烟爨，有一物可以療之，念君遠來相遺。"自起於梁棟之間，脱紙囊，開啓，其中有百餘顆如藕豆之狀。俾於藥室取鐺，拾薪汲泉而煮。良久，盛有香氣，視之已如掌大，曰："可以食矣，渴即

① "枵腹"，原作"囂腹"，據津本改。

取鐺中餘水飲之。”士則方啖其半，已極豐飢。復曰：“汝得至此，當有宿分。自茲三十年間不飢渴，俗情慮將淡泊也。他時位至方伯，當取羅浮相近。儻能脱去紛華，兼獲長生之道。辭家日久，可以還矣。”士則將欲告歸，因述慮失道。曰：“勿憂，去此二三里，與采薪人相值，可以随之而至，國門不遠。”既出於山隅，果有采薪者在路側，或問隱者姓名，竟無所對。纔經信宿，已及樊川村野。既還輦轂，不喜更嘗滋味，日覺氣壯神清，有驂鸞馭鶴之意。衣褐杖藜，多止巖岫。居守盧僕射，耽味玄默，思睹異人。有道流述其事，延之致於門下。及聞方伯之説，因以處士奏官。自梓州别駕作牧建溪，時年已九十。到郡纔經周歲，解印乃歸羅浮。及韋相公宙出鎮廣南，使人訪之，猶在山谷。

大中十四年，之任建安，路由江浙，時蕭相國觀風浙右，於桂樓宿宴召之，唯飲酒數杯，他皆無食也。

韋顓梟鳴

大中年，韋顓舉進士，詞學優贍，而貧窶滋甚。歲暮飢寒，無以自給。有韋光者，待以宗黨，後名殷裕之。輟居所外舍館之。放榜之夕，風雪凝互，報光成名者，絡繹而至，顓略無登第之耗。光延之於堂際小閣，備設肴饌慰安之。見光婢妾羅列衣裝，僕者排比鞍馬。顓夜分歸于所止，擁爐而坐，愁嘆無已。候光成名，將修賀禮。寢榻迫于壞牖，以横竹挂席蔽之。檐際忽有鳴梟，頃之集於竹上。顓神魄驚駭，杖策出户逐之，飛起復還，久而方去。謂僕者曰："我失意，亦無所恨，妖禽作怪如此，兼恐横罹災患。"俄而禁鼓忽鳴，榜到，顓已登第。光之服用車馬，悉皆遺焉。世以鵩至梟鳴，不祥之兆，近觀數事，亦不然乎。

昔鄧艾梟鳴牙旗，乃軍勝之兆，張率更聞於庭樹，亦授官之祥。以此推之，未必皆爲不吉者。

命相日雨雹崔沆、豆盧瑑

乾符六年夏五月，巢寇自廣陵將及襄漢，朝廷以王鐸令公爲南面都統，崔相國、豆盧相國同日策拜。宣麻之際，殿庭霧氣四塞，及政事堂立班賀，有雹大如雞卵。時五月二十三日。識者以爲鈞軸不祥之兆。明年大寇攻陷京師，二相俱及于難。其天意乎？非人事也。

李生見神物遺酒

咸通中，有中牟尉李潯，寓居圃田别墅。禀性剛戾，不以神鬼爲意，每見人銜杯酹酒，無不怒而止之。一旦，暴得風眩，方卧檐廡之下，忽有田父立於榻前，云："鄰伍間欲來省疾。”見數人形貌尫劣，服飾或青或紫，後有矮僕提酒兩壺，相與歷階而上，左右妻孥悉無所睹。謂溽曰：“爾常日負氣，忽於我曹，至於醪醴之間，必爲他人愛惜。今有醇酎數斗，衆欲遺君一醉。”俄以巨盆滿酌逼飲，兩壺俱盡，牀笫衾裯皆是餘瀝。將出，謂溽曰：“何似當時惜酒！”自兹百骸昏悴，如病宿酲，寢瘵惙然，數月方愈。馮給事爲鄭州刺史，親召李生而説之。

説方士

武宗皇帝好神仙異術，海内道流方士，多至輦下。趙歸真探賾玄機，善制鉛汞，氣貌清爽，見者無不竦敬。請於禁中築望仙臺，高百尺，以爲鸞驂鶴馭，可指期而降。常云飛煉中須得生銀。詔使於樂平采取。既而大役工徒，所出者皆銜石礦，非烹冶乃無從而得。歸真齋醮數朝，寫御書置於巖穴間。俄有老人策杖而至，曰：“山川藏寶，蓋因有道而出。況明主以修真爲念，是何感應不臻？尊師無復懷憂，明旦當從所請。”語罷而出，莫知其所之。是夕有聲如雷，山礦豁開數丈，銀液坌然而涌出，與入用之數相符。禁中修煉至多，外人罕知其術。復有金陵人許元長、王瓊者，善書符幻變，近於役使鬼神。會昌初，召至京國，出入宫闈。武皇謂之曰：“吾聞先朝有明崇儼，善於符籙，嘗取羅浮山柑子以資御果，萬里往來，止于旬日。我雖聖德不逮前朝，卿之術豈便劣於崇儼？”元長謝曰：“臣之受法，未臻玄妙。若涉越山海，恐誣聖德，但千里之間，可一日而至。”上曰：“東都常進石榴，時已熟矣，卿今夕當致十顆。”元長奉詔而出，及旦，寢殿始開，金盤貯石榴致於御榻。俄有中使奉進，亦以所失之數上聞。靈驗變通，皆如此类。王瓊妙於化物，無所不能。方冬，以藥栽培桃杏數株，一夕繁英盡發，芳蕊穠艷，月餘方謝。及武皇厭代，歸真與瓊俱竄逐嶺表，唯元長逸去，莫知所在。昊天觀周尊師，乾符中，年九十七。自言以童幼間便居洞庭山，諸父隱堯，深得真道。有張孺華者，襄漢豪士，耽味玄默，一旦廣齎財寶，訪道於江湖之間。至吴門，知隱堯出世修煉，徑往洞庭詣之。囊橐中所挈金帛，傾竭以資香火。隱堯知其志，俾於岸頂坐守藥爐。其或風雨晦冥，往往有神物來萃，殊形詭狀，深可駭人。孺華端潔自安，竟不微動。如此者涉於周歲，隱堯謂之曰：“爐中煉藥，乃七返靈砂也，雖非九轉金丹，餌之可還魂返魄。曩令子弟數輩守之，靡不畏怯而罷，汝相從未久，遂能苦節如是。”及鼎開藥成，纔成十粒，但令寶之以囊篋，未傳吞餌之法。孺華以去鄉逾年，一旦告歸覲省。隱堯别謂之曰：“吾知汝未能久住，自兹復爲世網所縈。苟慕仙之意不忘，勿以囂塵爲戀。付汝之藥，每丸可益算十二。有疾終者，審其未至朽敗，雖涉旬能使再活。然事關陰隲，非行道有心之徒不可輕授。凡欲此藥救人，當焚香啓告，吾爲助爾。”孺華歸，甚爲鄉里所敬。父母遘疾而歿，[1] 服之皆愈。居數歲，復詣洞庭，繫舟於金陵江岸。有良賈徐士則者，乘巨艘十餘隻，亦於浦間同泊。有子一人，方及壯歲，無疾而殞於中夜。父母咸以衰耄，哭泣不食崇朝。孺華憫之，因以靈砂往救。其初服之時未驗，再服一粒，蹶然而蘇。云：“所至之處，城府甚嚴。方爲吏從拘録，俄有二黄衣人，手執丹書文字，洞庭周尊師令喚廳事。間有紫衣者據案而坐，於是簪笏而興，謂左右曰：‘仙師來召，焉可復留。’乃令放還。謂曰：‘汝因此壽命增延，當可力行善道。’”士則所將財物，分其半以答孺華。孺華取錢五十萬，散施貧乏。至洞庭，與隱堯俱隱。

廣謫仙怨詞台州刺史竇弘餘撰

玄宗天寶十五載正月，安禄山反，陷没洛陽。王師敗績，關門不守，車駕幸蜀。途次馬嵬驛，六軍不發，賜貴妃自盡，然後駕發。行次駱谷，上登高下馬，謂力士曰：“吾蒼惶出狩長安，不辭宗廟。此山絶高，望見秦川，吾今遥辭陵廟。”因下馬望東再拜，嗚咽流涕。左右皆泣。謂力士曰：“吾取九齡之言，不到於此。”乃命中使往韶州，以太牢祭之。中書令張九

---

① “歿”，原作“没”，據津本改。

齡，每因奏對，未嘗不諫誅禄山。上怒曰："卿豈以王夷甫識石勒，便殺禄山！"於是不敢諫矣。因上馬，遂索長笛吹於曲，曲成，潸然流涕，佇立久之。時有司旋録成譜，及鑾駕至成都，乃進此譜，請曲名。上不記之，視左右曰："何曲？"有司具以駱谷望長安，下馬後索長笛吹出對。上良久曰："吾省矣。吾因思九齡，亦别有意，可名此曲爲《謫仙怨》。"其旨屬馬嵬之事。厥後，以亂離隔絶，有人自西川傳得者，無由知，但呼爲《劍南神曲》，其音怨切，諸曲莫比。大曆中，江南人盛爲此曲。隨州刺史劉長卿左遷睦州司馬，祖筵之内，吹之爲曲，長卿遂撰其詞，意頗自得，蓋亦不知本事。詞云："晴川落日初低，惆悵孤舟解攜。鳥去平蕪遠近，人隨流水東西。白雲千里萬里，明月前溪後溪。獨恨長沙謫去，江潭春草萋萋。"余在童幼，亦聞長老話謫仙之事頗熟，而長卿之詞甚是才麗，與本事意興不同。余既備知，聊因暇日，輒撰其詞，復命樂工唱之，用廣不知者。其詞曰："胡塵犯闕沖關，金輅提攜玉顔。雲雨此時消散，君王何日歸還。傷心朝恨暮恨，迴首千山萬山。獨望天邊初月，蛾眉猶在彎彎。"駢以爲竇史君序《謫仙怨》云：① "劉隨州之詞，未知本事，及詳其意，但以貴妃爲懷，蓋明皇登駱谷之時，實有思賢之意，竇之所製，殊不述焉。"駢因更廣其詞，蓋欲兩全其事。雖才情淺拙，不

① "駢"，原作"軿"，與下文"駢"不一致，故改。

逮二公，而理或可觀，貽諸識者。詞云："晴山礙日横天，緑叠君王馬前。鑾輅西巡蜀國，龍顔東望秦川。曲江魂斷芳草，妃子愁凝暮烟。長笛此時吹罷，何言獨爲嬋娟。"

含元殿

含元殿，國初建造。鑿龍首崗以爲基趾，彤墀釦砌，高五十餘尺。左右立栖鳳翔鸞二闕，龍尾道出於闕前。倚欄下瞰，前山如在諸掌。殿去五門二里，每元朔朝會，禁軍與御仗宿於殿庭，金甲葆戈，雜以绮綉，羅列文武，纓珮序立。蕃夷酋長仰觀玉座，若在霄漢。識者以爲自姬漢之代，迄于亡隋，未有如斯之盛。京城自朱泚之亂，逮乾符中，近百年無事。君臣和叶，四表靖謐，文物之盛，籠罩姬漢，藩方職貢，府無虚月。上至士君子，下及庶民，皆修飾廉謹，以邀時譽。食禄者守其官，耕賈者專其業。八紘四海，遂同文軌。承平既久，稍務奢逸。貴族豪家，輕視稼穡，征鎮牧守，或非其才。黔黎興杼軸之嗟，郡邑有萑蒲之盜。① 然主上勞謙端委，無虧聖政，亦使寇犯神州，鑾輅播越。況秦漢之代，魏晋之時，主荒臣殘，豈不顛覆？今則睹淳輝之列，啓中興之期，億兆人心復新於唐德矣。禮樂刑政，得無誡哉。

① "萑",原作"藋",據津本改。

曲 江

曲江池，本秦世隑洲，開元中疏鑿，遂爲勝境。其南有紫雲樓、芙蓉苑，其南有杏園、慈恩寺。① 花卉環周，烟水明媚。都人游玩，盛於中和、上巳之節。彩幄翠幬，匝於堤岸，鮮車健馬，比肩擊轂。上巳即賜宴臣僚，京兆府大陳筵席。長安、萬年兩縣，以雄盛相較，錦綉珍玩，無所不施，百辟會於山亭，恩賜太常及教坊聲樂。池中備彩舟數隻，唯宰相、三使、北省官與翰林學士登焉。每歲傾動皇州，以爲盛觀。入夏則菰蒲葱翠，柳陰四合，碧波紅蕖，湛然可愛。好事者賞芳辰，玩清景，聯騎擕觴，亹亹不絶。

升平裴相國廉察宣城，朝謝後，未離京國，時曲江荷花盛發，與省閣名士數人同游。自慈恩寺屏去左右，各領小僕，步至紫雲樓下，見五六人坐於水際。裴公與名士憩于旁。中有黄衣，飲酒半酣，軒昂頗甚，指顧笑語輕脱。裴意稍不平，揖而問之："吾賢所任何官？"率爾而對曰："喏，即不敢，新授宣州廣德縣令。"連問裴曰："押衙所任何職？"裴公效曰："喏，即不敢，新授宣州觀察使。"於是狼狽而走，同坐

① "其南有紫雲樓、芙蓉苑"，底本、津本皆如是，然據《長安志》載："芙蓉苑，在曲江之西南。"此處"其南"當爲"其西南"。

亦皆奔散，朝士撫掌大笑。不數日，布於京華。左右於銓司訪之，云："有廣德縣令，請换羅江宰矣。"宣皇在宫，即聞是説，與諸王每爲戲談其事。及龍飛，裴公入秉鈞軸，因書麻制，迴謂樞近曰："喏，即不敢，新授中書侍郎平章事。"

真　身

咸通十四年詔：自鳳翔迎真身至于輦下。真身，相傳云是釋迦文佛中指節骨，長一寸八分，瑩淨如玉，以小金棺盛之，舊於鳳翔建塔。又釋氏《涅盤經》云：如來於雙林滅度，貯於金棺銀椁，積旃檀香焚之。諸天以八金剛分取舍利，唯留四牙，餘悉煨燼。未詳此骨從何而有。都城士庶，奔走雲集，自開遠門達於岐川，車馬晝夜相屬，飲饌盈溢路衢，謂之無礙檀施。京城坊曲，舊有迎真身社，居人長幼，旬出一錢。自開成之後，迄于咸通，計其資積無限。於是廣爲費用。時物之價高，茶米載以大車，往往至於百兩。他物豐盈，悉皆稱是。至京日，上與諸王親御城樓。坊市以繒彩結爲龍鳳象馬之形，紙竹作僧佛鬼神之狀，幡花幢蓋之屬，羅列二十餘里。間之歌舞管弦，雜以禁軍兵仗。緇徒梵誦之聲，沸聒天地。民庶間有嬉笑踴躍者，有悲愴涕泣者。真身以寶輿舁之，居於内殿數月。俄屬懿皇猒代，密使送於鳳翔。先是，真身到城，每坊十字街以磚壘浮圖供养。妖妄之輩互陳感應，或云夜中震動，或云其上放光，以求化資財，因此獲利者甚衆。及宫車晏駕，怗然乃定。諸坊浮圖，一時毁拆。有好事者，密詢放光之由，云以大雲母片窺看，遠而望之，靡不傾信耳。咸通、乾符中，興善寺復有阿闍梨，以教法傳授，都下翕然宗之。所居院金碧華焕，器用俱是寶玉。語人云："焚香結坐，每告西方。"及遷化，謚爲普照大師，信者咸爲出涕。劉都尉、崔給事寓、張常侍同與中貴多爲弟子。出城之日，皆縞素後隨，勸朝士持齋，受其法者，不復思理時務。

駢嘗讀《名僧傳》，宋文帝時，有求那跋摩，居金陵秖洹喜。文帝謂之曰："弟子常願持齋，不殺迫於，以身徇物，不獲遂從。法師不遠萬里來化此國，將何以教化之?"對曰："道在心，不在事。法由已，不由人。且帝王、凡庶所修亦有殊矣。若凡庶者，身賤名微，德不及遠，其教不出於閨門，其言不行於僕妾。若不克己苦躬，行善持戒，將何以用心哉?帝王以四海爲家，萬民爲子，出嘉言則士庶咸悦，布一善則人神以和。刑清不夭其命，役簡不勞其力。辨鐘律，定時令，鐘律辨則風雨調，號令時則寒暑節。知百姓之飢，斯所以就於無飢，知百姓之寒，斯所以就於無寒。如此，持齋亦大矣，不殺則衆矣。安在於闕一時之膳，全一禽之命，然後乃弘濟也?"文帝撫機嗟嘆，稱善良久，乃曰："俗人迷於遠理，沙門滯於近教。迷遠理者謂至道虚説，滯近教者則拘攣章句。如公者，真所開悟明達，可以言天人之際矣。"

元相國謁李賀

元和中，進士李賀善爲歌篇。韓文公深所知重，於縉紳之間每加延譽，由此聲華藉甚。時元相國稹年老，以明經擢第，亦攻篇什，常願交結賀。一日，執贄造門。賀覽刺，不容，遽令僕者謂曰："明經擢第，何事來看李賀?"相國無復致情，慚憤而退。其後左拾遺制策登科，日當要路。及爲禮部郎中，因議賀祖禰諱進，不合應進士舉，亦以輕薄時輩所排，遂成轗軻。文公惜其才，爲著《諱辯》録明之，然竟不成事。

自大中、咸通之後，每歲試春官者千餘人。其間章句有聞，亹亹不絶。如何植、李玫、皇甫松、李孺犀、梁望、毛濤、贝庥、來鵠、賈隨，以文章著美。温庭筠、鄭瀆、何涓、周鈴、宋耘、沈駕、周繁，以詞賦標名。賈岛、平曾、李陶、劉得仁、喻坦之、張喬、劇燕、許琳、陳覺，以律詩流傳。張維、皇甫川、郭鄩、劉延暉，以古風擅價。皆苦心文華，厄於一第。然其間數公，麗藻英詞播於海内，其虛薄叨聯名级者，又不可同年而語矣。

毛晋跋[1]

唐人最拈弄小説。雖金紫大老，趨蹡殿陛之餘，使命一方，鞅掌簿書之暇，盡日有所記録，積久成編。李文饒、劉賓客尤兢兢耳。時至咸通，以迨乾寧，其間韻事，足新耳目。況三輔、曲江，士庶都冶景物，爲之點次，事事俱堪捃拾也。康校書能無技癢乎？古人讀《漢書》，至留侯遇高帝於下邳，便浮一大白。想此時長安酒壚間，聲價不啻倍蓰矣。湖南毛晋識。[2]

---

① 此跋原無，據津本補。“毛晋跋”爲點校者補。

② 末批“萬曆戊子仲冬漫閲”。

白沙語要

整理説明

《白沙語要》一卷，爲陳獻章的語録。陳獻章（1428—1500），字公甫，號石齋，廣東新會人。明正統十二年（1447）舉鄉薦，兩赴會試不第，從吴與弼講理學，半年而歸，居白沙里，築陽春臺，讀書静坐，學者因稱白沙先生。後入京至國子監，祭酒邢讓驚爲真儒復出。成化十九年（1483），授翰林檢討，乞終養歸，屢薦不起，卒於家。萬曆十三年（1585）詔從祀孔廟，謚文恭。

陳獻章是與王守仁並稱的理學大家，黄宗羲《明儒學案》稱明代理學“作聖之功，至先生而始明，至文成而始大”。白沙之學的特點是“主静”“涵養”“求之吾心”。黄宗羲稱：“有明之學，至白沙始入精微。其喫紧工夫，全在涵养。喜怒未發而非空，萬感交集而不動，至陽明而後大。”又説：“先生之學，以虚爲基本，以静爲門户，以四方上下、往古來今穿紐湊合爲匡郭，以日用、常行、分殊爲功用，以勿忘勿助之間爲體認之則，以未嘗致力而應用不遺爲實得。”《四庫全書總目》亦稱：“獻章爲學以静爲主，其教學者，但令端坐澄心，于静中養出端倪。”“于静中養出端倪”，也就是通過静坐體悟出善端。陳來先生認爲：“由于静中養的‘端’亦是‘善端’，也就是孟子的四端，陳白沙以爲，這個善端是作聖的根本，它只能在静中被體驗、被把握，而不可能通過典籍的學習去獲得，‘求之書籍而弗得，反而求之吾心而道存焉，則求之吾心可也’。陳白沙的這些説法也就是主張心中求道，心中求理，他雖然没有提出或論證心即是理，但他顯然把爲學功夫完全心學化了，這個發展顯然開了明代心學運動的先河，稍後的王陽明正是沿着這個方面進一步發展了心學的基本思想。”① 總之，白沙之學是聯結陸、王心學的重要環節，也是明代理學走向“精微”的關鍵。

由於陳獻章在理學史上的地位，其集子的流傳頗爲廣泛。弘治十八年（1505），即陳獻章去逝五年後，其門生羅僑刻其詩文各十卷行世。正德三年（1508），林齊重訂而補刻之，卷帙一仍其舊。嘉靖十二年（1533），高簡、卞崍重刻，對白沙詩文有所增删，并爲八卷。嘉靖三十年（1551），蕭延世在林齊刻本的基礎上重刻爲二十一卷。萬曆二十九年（1601），林裕陽在高簡刻本的基礎上重新釐爲九卷，書名也變爲《白沙子全集》。之後，萬曆四十年（1612）何熊祥、天啓元年（1621）王安舜、清順治十二年（1655）黄之正等人先後覆刻，均爲九卷。康熙四十九年（1710），何九疇又重刊之，頗有增益。乾隆三十六年（1771），陳氏宗族又重刻之。1987

① 陳來：《宋明理學》，華東師范大學出版社，2004 年，第 193—194 頁。

年，中華書局出版了孫通海點校的《陳獻章集》，該書以康熙四十九年（1710）何九疇刻本爲底本，參以其他諸本整理而成，是目前最完備的陳獻章作品集。

《白沙語要》又作《白沙要語》，是陳獻章語録的輯要。白沙門人張詡曾從《白沙文集》中采録話語，編爲《白沙遺言纂要》十卷，以發揚白沙學説，《白沙語要》又從中粹取要言輯録而成。至於輯録者是誰，學界尚不得而知，但據鄒元標作於萬曆二十二年（1594）的跋語和李贄《續藏書》的引用，可知是書在萬曆年間已頗爲流行。清初衛金章對此書不滿，曾作《白沙語要補》，曰："《白沙語要》一編，節録《白沙先生文集》中語，不滿三十條。割裂參錯，不知出自何人之手。其于先生講學，道所由造，教所由傳，總未見本末。脱略有之，要則未也。"① 然據《千頃堂書目》，金賁亨輯有《象山白沙語要》一書，則《白沙語要》當爲書中之一部分。金賁亨（1483—1568），字汝白，號一所，臨海人，正德九年（1514）進士，歷任揚州府教授、南京刑部主事、員外郎、郎中，江西僉事、貴州學政等。金氏卒於隆慶初，則是書極可能成書於嘉靖（1522—1566）年間。

《白沙語要》的早期版本已於見，存世的本子，見於《百陵學山》《學海類編》及《嶺南遺書》《元明善本叢書》《叢書集成初編》等叢書。其中，《叢書集成初編》實據《百陵學

① 《陳獻章集》，中華書局，1987年，第919頁。

山》叢書影印，後附《嶺南遺書》本鄒元標、伍崇曜之跋。實際上，《百陵學山》本、《叢書集成初編》本與《元明善本叢書》本所用的是同一個底本，收語録凡29條。《學海類編》本多出8條，共收白沙語録37條，并附鄒元標跋語。

本次整理，以《學海類編》本作爲底本，而以《叢書集成初編》所影印之《百陵學山》本爲校本，並附鄒元標跋及《嶺南遺書》本之伍崇曜跋於後。

由於《白沙語要》爲後人從《陳白沙集》中輯録而成，所以本次整理，在箋語中注明每條語録在後者中的出處。其中有些條目亦爲黄宗羲《明儒學案》和沈佳《明儒言行録》所采，亦注明其出處。本書所引《明儒學案》爲中華書局1985年出版沈芝盈點校本，而《陳白沙集》《明儒言行録》均用文淵閣《四庫全書》本。

有關陳獻章的記載甚多，較著名者有其門人張詡所撰《白沙陳先生行狀》和《白沙先生墓表》，湛若水的《明故翰林院檢討白沙陳先生改葬墓碑銘》，以及《國朝獻徵録》《明儒學案》《明史》的記載，本書附録於後。還有不少其他資料，如鄧元錫《皇明書》卷三五《陳獻章傳》、何喬遠《名山藏》卷八四《陳獻章傳》以及衆多方志中的記載，因内容多出自上述文獻，故而從略。

白沙語要一卷

明新會陳獻章公甫著

人爭一個覺，纔覺便我大而物小，物盡而我無盡。微塵六合，瞬息千古，生不知愛，死不知惡，尚奚暇銖軒冕而塵金玉耶？

【箋】

見《陳白沙集》卷三《與時矩》，亦見黄宗羲《明儒學案》卷五及沈佳《明儒言行録》卷三。中華書局本《陳獻章集》作《與林時矩》。林時矩，陳獻章門人，生平俟考。

能以四大形骸爲物外，榮之辱之，生之殺之，物固有之，安能使吾戚戚哉！

【箋】

見《陳白沙集》卷三《與僧文定》。文定，廣東知名僧人。

名節，道之藩籬，藩籬不守，其中未有能獨存者也。

【箋】

見《陳白沙集》卷三《與崔楫》。崔楫，字希説，南海人，能詩。陳獻章門人。

天下未有不本于自然，而徒以其智收顯名于當年、精光射來世者也。《易》曰“天地變化，草木蕃”，時也。隨時屈信，與道翱翔，固吾儒事也。吾志其行乎？

【箋】

見《陳白沙集》卷四《題吴瑞卿采芳園記後》。吴瑞卿，即吴璧，廣西臨桂人，成化十六年舉人。善畫，官至永明訓導。

神理爲天地萬物主，本長在不滅。人不知此，虚生浪死，與草木一耳。

【箋】

見《陳白沙集》卷三《與馬貞》，亦見《明儒學案》卷五及《明儒言行録》卷三。馬貞，廣東潮連人，與伯父馬廣生、從兄馬國馨俱問學於陳獻章。《（道光）新會縣志》卷八《人物》：“馬國馨，潮連人，父廣生。國馨與從弟貞俱從陳獻章之門，獻章與貞書云：貞父不幸早世，貞卒成立，貞有母也。”

有蔽則暗，無蔽則明。耳之蔽聲，目之蔽色；蔽口鼻以臭味，蔽四肢以安佚。一掬之力，不勝群蔽，則其去禽獸不遠矣。知其蔽而去之，人欲日消，天理日明。

【箋】

見《陳白沙集》卷一《東曉序》。

士從事于學，功深力到，華落實存。乃浩然自得，則不知天地之爲大、死生之爲變，而況于富貴貧賤、功利得喪、詘信予奪之間哉！

【箋】

見《陳白沙集》卷一《李文溪文集序》，亦見《明儒言行録》卷三。李文溪，即南宋名臣李昴英（1200—1257），字俊明，廣東番禺人。寶慶三年（1227）廷對第三人，淳祐初官至龍圖閣待制、吏部侍郎。歸隱文溪，卒謚忠簡。有《文溪集》。

優游自足，無外慕，嗒乎若忘。在身忘身，在事忘事，在家忘家，在天下忘天下。

【箋】

見《陳白沙集》卷一《送李世卿還嘉魚序》，亦見《明儒言行録》卷三。李世卿，即李承箕（1452—1505），字世卿，號大厓居士，湖廣嘉魚人。陳獻章門人。成化二十二年舉人，徒步千里就學於陳獻章。有《李大厓集》二十卷。《明史·儒林傳》附載於陳獻章傳末。

夫學有由積累而至者，有不由積累而至者；有可以言傳者，有不可以言傳者。由積累而至者，可以言傳也；不由積累而至者，不可以言傳也。其晦也不久，則其光也不大；其詘也不甚，則其信也不長。物理固亦有然者矣。

【箋】

見《陳白沙集》卷二《復張東白内翰》，亦見《明儒學案》卷五及《明儒言行録》卷三。張東白，即張元禎（1437—1506），初名元征，字廷祥，南昌人。天順四年（1460）進士，授編修，成化年间辭官歸，家居講學二十年。弘治初進左贊善，累遷南太常卿。正德初，以吏部侍郎辭歸。天啓初，謚文裕。生平見《明史·儒林傳》。

古今學者不同，孔子以兩言斷之曰："古之學者爲己，今之學者爲人。”學爲己者，其仕也爲人；學爲人者，其仕也爲己。斷不疑矣！

【箋】

見《陳白沙集》卷一《潮州三利溪記》。

學貴知疑，大疑則大進，小疑則小進。疑者，覺悟之機也。讀書，非難悟作者意，執其機、用之不泥爲難也。

【箋】

見《陳白沙集》卷二《與胡僉憲提學》。胡僉憲，即胡榮，字希仁，江西新喻人。自幼游心理學，景泰五年（1454）中進士，歷給事中，成化七年任廣東提學僉事，號稱知人，以參政致仕。

人身與天地參立，豈可不知自貴重、日與逐逐者伍耶！此理洞如，然非涵養至極、胸次澄澈，必不能有見。人所得光陰能幾？生不知愛惜、漫浪虛擲，卒之與物無異。造物所賦于人，豈徒具形骸、喘息天地間，與蟲蟻並活而已邪？

【箋】

前段見《陳白沙集》卷三《與董子仁》，“人所得”至末見於卷四《漫筆示李世卿湛民澤》。董子仁，即董旻，成化二年進士，歷吏科給事中，爲吏所訐下詔獄，謫石臼知縣，歷官至四川參議。成化十四年（1478）出使琉球，陳獻章有《送董子仁給事使琉球》。李世卿，即李承箕。湛民澤，即湛若水，字元明，增城人。弘治十八年進士，改庶吉士，授編修，歷侍讀、南祭酒，擢禮部侍郎，進尚書，改兵部。謚文莊。有《甘泉集》。爲獻章高足，與王守仁並稱爲王、湛之學。生平見《明史・儒林傳》。

文章、功業、氣節，果皆自吾涵養中來。三者皆實學也，惟大本不立，徒以三者自名，所務者小，所喪者大，雖有聞于世，亦其才之過人耳，其志不足稱也。

【箋】

見《陳白沙集》卷四《書漫筆後》，亦見《明儒學案》卷五、《明儒言行録》卷三。

古人處老有道，處病有道，處死有道。夫子曰："朝聞道，夕死可矣。"其處之之道乎！

【箋】

見《陳白沙集》卷三《與容一之》。容一之，即容貫，字一之，號圭峰，廣東番禺人。《陳白沙集》卷一《贈容一之歸番禺序》："容生卓錐無地，從予游者十有一載，未嘗對人作皺眉狀。入京師，見聲利烜赫輒不樂……顧以予之疎繆，不能輔其爲仁，是生雖有美質而其學未底于成，由吾之虚名誤之也。"

《子虛》《長楊》，飾巧誇富，媚人耳目，若俳優然，非《詩》之教也。

【箋】

見《陳白沙集》卷一《認真子詩集序》。認真子，即朱英之號，朱英（1416—1485），字時傑，號認真子，晚號誠庵，桂陽人，正統十年進士，授御史，歷廣東參議、參政，升福建、陝西布政使，進甘肅巡撫、兩廣總督，入爲都御史，加太子少保。《明史》有傳。《認真子詩集序》："公名英，字時傑，郴陽人，由進士歷官中外，節用而愛人。"

禮無所不統，有不可須臾離者，“克己復禮”是也。受朴于天，弗鑿以人，稟和于生，弗淫以習，故七情之發，發而爲詩。雖匹夫匹婦，胸中自有全經，此《風》《雅》之淵源也。

【箋】

“禮無所不統”句，見《陳白沙集》卷二《復趙提學僉憲》，“受朴于天”至段末，見同書卷一《夕惕齋詩集後序》。趙提學，即趙瑶，字德用，晋江人，成化二年進士，力學，尚氣節，成化十二年任廣東提學僉事。教有根本，士習丕變。不久卒於任。夕惕齋爲任信的别號，任信，字宗慤，别號夕惕，廣西横州人，精《易》象，兼通《春秋》，正統三年（1438）舉於鄉，十三年試禮部，中副榜，除德慶州訓導，教習士子，端嚴有法。所著有《夕惕齋詩集》五卷。子任穀，成化八年進士，官至廣東參議，以父遺稿求序於白沙，爲作《夕惕齋詩集後序》。

貪官污吏，侵漁百姓，甚于盜賊。此輩不除，雖有良法美意，孰與行之？

【箋】

見《陳白沙集》卷二《與劉方伯東山先生》。劉東山，即劉大夏（1436—1516），字時雍，號東山，湖廣華容人。天順八年進士，選庶吉士，歷官至兵部尚書、太子太保。《明史》本傳稱：“大夏忠誠懇篤，遇知孝宗，忘身徇國，於權幸多所裁抑。”

以一念好生之仁，代血戰數萬之兵。

【箋】

見《陳白沙集》卷二《與葛侍御》。葛侍御，即葛萱，字光庭，高郵人。成化元年舉人，弘治年間任廣東巡按御史。

旁引善類，以扶天地之元氣；大明公道，以壽國家之命脈。

【箋】

見《陳白沙集》卷四《祭太子少保朱公誠庵先生文代陶廉憲作》。朱公誠庵，即朱英。陶廉憲，即陶魯，字自強，廣西鬱林人，以父死節，蔭入國子監，授新會丞，以功擢新會令，歷廣東兵備僉事、按察使，進湖廣布政使兼廣東兵備副使。

法不貸于豪右，惠可及乎煢嫠。

【箋】

見《陳白沙集》卷四《祭丁知縣彦誠》。按，丁彦誠，即丁積（1446—1486），字彦誠，號三江漁樵，江西寧都人。成化十四年進士，授新會知縣，師事陳獻章。《明史·循吏傳》稱其"爲政以化風爲本，而主于愛民"。卒於官，獻章爲作《丁知縣行狀》。

變之未形也，以爲不變；既形也，而謂之變，非知變者也。夫變也者，日夜相代乎前。雖一息變也，況于冬夏乎？生于一息，成于冬夏者也。

【箋】

見《陳白沙集》卷一《雲潭記》，亦見《明儒學案》卷五、《明儒言行録》卷三。

顔子超然有見于卓爾之地，所以遨游乎聖人之方，而玄同乎聖人之神者，[1] 非可揣摩而得也。故其言曰："夫子步亦

① "玄"，原作"元"，據《百陵學山》本改。

步，趨亦趨，奔軼絶塵，而回則瞠乎其後。”

【箋】

見《陳白沙集》卷一《程鄉縣儒學記》。

性静者可以爲學，二程之得于周子也。

【箋】

見《陳白沙集》卷四《書蓮塘書屋册後》。

《易》六十四卦辭，吉凶相錯，獨《謙》爲全吉。孔子贊之曰：“謙，尊而光。”孟子稱：“古之賢王，好善而忘勢。三代以前，師傅一尊而王業盛，畎畝既出而世道亨。”

【箋】

見《陳白沙集》卷一《慈元廟記》。

動于此，應于彼，默而觀之，一生生之機，代運無窮。無我無人，無古無今，塞乎天地之間，夷狄禽獸草木昆蟲一體，惟吾命之，沛乎盛哉！程子謂切脈可以體仁。仁，人心也。充此心也，足以保四海；不能充之，不足以保妻子。可不思乎？

【箋】

見《陳白沙集》卷一《古蒙州學記》。

學者不但求之書而求諸吾心，察于動静有無之機，致養其在我者，勿以見聞亂之。去耳目支離之用，全虚圓不測之神。

【箋】

見《陳白沙集》卷一《道學傳序》。

靈臺洞虚，一塵不染；浮華盡剥，真實乃見。鼓瑟鳴琴，一回一點，氣蘊春風之和，心游太古之面。人具七尺之軀，除了此心此理，便無可貴。

【箋】

見《陳白沙集》卷四《湖山雅趣賦》。

唐狄梁公以一身繫唐宗社之重，扶陽抑陰，光復唐祚。事載簡册，昭昭如日星，可謂有大功于唐矣。賢者識其心自白雲一念中來，故曰："求忠臣必于孝子之門。"

【箋】

見《陳白沙集》卷一《望雲圖詩序》。

余曩讀蘇子瞻《剛記》，想見其人。青天白日其立于朝也，如千仞之壁，可望而不可即。①

【箋】

見《陳白沙集》卷一《西關丁氏族譜序》。按，《剛記》，當爲《剛説》，見四庫全書本《東坡全集》卷九二。

學者徒誦其言而忘味，《六經》一糟粕耳，猶未免于玩物喪志。以我而觀書，隨處得益；以書博我，則釋卷而茫然。

---

① 按：《百陵學山》本及《嶺南遺書》本止於此，有"《語要》卷完"四字。

【箋】

見《陳白沙集》卷一《道學傳序》。

夫道無動靜也。得之者，動亦定，靜亦定。無將迎，無内外。苟欲靜，即非靜矣。

【箋】

見張詡《白沙陳先生行狀》，亦見《明儒學案》卷五。

治心之學，不可把捉太緊。失了元初體段，愈尋道理不出。

【箋】

見《明儒言行録》卷三。

此理干涉至大，無内外，無終始，無一處不到，無一息不運。會此則天地我立，萬物我出，而宇宙在我矣。得此把柄，入手更有何事？往古來今、四方上下，都一齊穿紐、一齊收拾，隨時隨處無不是這個充塞。色色信他，本來何用爾？脚勞手攘，舞雩三三兩兩，正在勿忘勿助之間。曾點些兒活計，被孟子一口打并出來，便都是鳶飛魚躍。若無孟子工夫，驟而語之，以曾點見趣，一似説夢。會得，雖堯舜事業，只如一點浮雲過目，安事推乎？此理包羅上下，貫徹終始，混作一片，都無分别，無盡藏故也。

【箋】

見《陳白沙集》卷三《與林郡博》《白沙陳先生改葬墓碑銘》，以及《明儒學案》卷五、《明儒言行録》卷三。林郡博，即林光，字緝熙，東莞人。成化元年舉人，成化五年會試下第，與陳獻章同舟歸，師事之。初授平湖教諭，終襄府長史。有《南川集》。

宇宙内更有何事？天自信天，地自信地，吾自信吾。自動自靜，自闔自闢，自舒自卷。甲不問乙供，乙不待甲賜。牛自爲牛，馬自爲馬。感于此應于彼，發乎邇見乎遠。故得之者，天地與順，日月與明，鬼神與福，萬民與誠，百世與名，而無一物奸于其間。嗚呼大哉，人爭一個覺！

【箋】

見《陳白沙集》卷三《與時矩》《明儒學案》卷五《與何時矩》。按：陳獻章門人有何廷矩，字時振，番禺人，以文行爲督學胡榮所器，及見陳獻章，即棄舉子業，從之游。另據《陳獻章集》有《與何廷規》及《贈何廷桂罷館歸》，則何廷桂當即何廷規，字時矩。廷矩字時振，廷規字時矩，兩人爲兄弟也。

求靜之意，反覆圖之，未見其可。若遂行之，祇益動耳。惡在其能靜耶？

【箋】

見《陳白沙集》卷二《與張廷實主事》。張廷實，即張詡（1456—1515），字廷實，號東所，廣東南海人。性廉靜，不苟取與。師事陳獻章。成化二十年成進士，官至南京通政司左參議。《明史·儒林傳》附載陳獻章傳末。

《傳》曰："道在邇而求諸遠，事在易而求諸難。"又曰："行之而不著焉，習矣而不察焉。""終身由之而不知其道者，衆矣。"聖賢教人，多少直截分曉，而人自不察，索之渺茫，求諸高遠，不得其門而入，悲乎！

【箋】

見《陳白沙集》卷二《與張廷實主事》之二三。

人與天地同體，四時以行，百物以生。若滯在一處，安能爲造化之主耶？古之善學者，常令此心在無物處，便運用得轉耳。學者以自然爲宗，不可不著意理會。

【箋】

見《陳白沙集》卷二《與湛氏澤》《明儒學案》卷五《與湛民澤》。

鄒元標跋

予自志學，聞諸先達言必稱先生。取先生書讀之，蓋數遍矣。先生論學，在靜中養出端倪，又曰：“吾學以自然爲宗。”予亦嘗用心于内，似端倪呈露，廿餘年無所得。又嘗究“自然爲宗”之旨，與先生之學似若扞格。近知先生之學，自得者深，非言語可求也。夫端倪無處無之，予以端倪求之，無怪乎不得其端也。道本自然，予有心求自然，終與自然者殊也。先生語云：“求靜之意，反覆圖之，未見其可，若遂行之，衹益動耳。”又曰“從前欲洗安排障”，[1] 先生所謂“養出端倪”“自然爲宗”者，意在斯乎？意在斯乎？萬曆甲午秋月吉水後學鄒元標爾瞻識。[2]

① “洗”，原作“冼”。
② “萬曆”，原作“萬歷”。

伍崇曜跋[①]

右《白沙語要》一卷，明新會陳獻章公甫撰。按先生理學名儒，前明即從祀孔庭，微言奥旨，講學者宗焉。顧先生之言曰："此理之妙不可言，吾或有得焉，心得而存之，口不可得而言之。比試言之，而已非吾所存矣。故凡有得而言，皆不足以得言。"又曰："其不事著述，而欲歸于無言，蓋以道之顯晦在人不在言。伏羲著述止數畫，而畫前又有《易》。六經而外，散之諸子百家，皆賸言而已矣。"《語要》云乎哉？故學者謂先生講學頗近于禪，而自明迄今，毁譽参半，善乎惲敬《大雲山房文稿》曰："有明以來，言學者人人殊矣，未有不致慎于五倫者。"先生自正統十二年舉于鄉，十三年赴會試，景泰二年亦赴會試，後更十五年，至成化二年，始赴會試，此何爲哉？蓋景帝之立，所以守社稷也，義本甚正，然英宗歸而錮之南内，則君臣之禮廢，而兄弟之恩絶矣，

① 底本無此跋，据《嶺南遺書》本補。

易太子則父子之道舛矣。至英宗復辟，輔之者幾同于篡，于是而君臣父子兄弟之倫不可復明，遂成一攘奪之天下。嗚呼！此先生所以不出也。人倫明而後道學正，故先生爲大儒，其論頗確。先生全集九卷，暨張詡所編《白沙遺言纂要》十卷，《四庫提要》已著録。是書與湛文簡甘泉《新論》同載于曹溶《學海類編》子類，爰校勘數字而重刊之，以識景仰之私。卷末有鄒元標後序。元標以氣節重一時，其學源出姚江，而顧服膺是書，亦可知波瀾莫二矣。乙巳立春後五日後學伍崇曜謹跋。

附　録

翰林院檢討白沙陳先生行狀

先生諱獻章，字公甫，姓陳氏，系出大丘。高祖判鄉，曾祖東源。祖永盛，號渭川，少戇，不省世事，好讀老氏書，嘗慕陳希夷之爲人。父琮，號樂芸居士，讀書能一目數行下，善詩，年二十七卒。卒之一月而先生生，母太夫人林年二十有四，守節教育之。祖居都會村，至先生始徙居白沙村。白沙村在廣東新會縣北二十里，後天下人重先生之道，不敢斥其名字，因共稱之曰白沙。

先生以宣德三年戊申十月二十有一日生于都會村。先是，有望氣者言："黄雲紫水之間，當有異人生。"黄雲紫水者，新會之山川也。又有占象者言："中星見浙閩，分視古河洛，百粤爲鄒魯，符昔賢所説。"及先生生，身長八尺，目光如星，左臉有七黑子，如北斗狀。音吐清圓，大類中州産。嘗戴方山巾，逍遥林下，望之若神仙中人也。

自幼警悟絶人，讀書一覽輒記。嘗夢拊石琴，其音泠泠然，有一偉人笑謂曰："八音中惟石音爲難諧，今諧若是，子異日得道乎？"因别號石齋，既老，自謂石翁。少讀宋亡厓山諸臣死節事，輒掩卷流涕。一日，讀《孟子》，有"天民者達可行于天下而後行之"，慨然嘆曰："嗟夫！大丈夫行己當如是也。"

弱冠充邑庠生，其師某者，見其所爲文異之，曰："陳生非常人也，世網不足以羈之。"明年丁卯，中鄉試第九人，録經義一篇。戊辰、辛未兩赴禮闈，俱下第。聞江右吴聘君康齋先生講伊洛之學于臨川之上，遂棄其學從之游，時年二十有七也。康齋性嚴毅，來學者絶不與語，先令治田，獨待先生有異，朝夕與之講究。受業歸，講學之暇，時與門徒于曠野習射禮。未幾，流言四起，以爲聚兵，衆皆爲先生危，先生獨處之超然。時翰林院侍讀學士錢溥謫知順德縣事，雅重先生，遺書先生亟起，毋重貽太夫人憂。先生以爲然，遂復游大學。祭酒邢某一日試先生，和楊龜山"此日不再得"詩，大驚曰："龜山不如也。"明日，颺言于朝，以爲真儒復出，由是名振京師，一時名士如羅倫、章懋、莊昶、賀欽輩皆樂從之游。欽時爲給事中，聞先生議論，嘆曰："至性不顯，寶藏猶霾，世即用我，而我奚以爲用？"即日抗疏解官去。

既出太學，歷事吏部文選司。先生日捧案牘，與羣吏雜立廳事下，朝往夕返，不少怠。郎中等官皆勉令休，對曰："某分當然也。"識者謂其抱負之大而克勤小物如此，得孔子爲委吏乘田之意。侍郎尹某聞而賢之，遣子某從學，先生力辭，凡六七往，竟不納。成化己丑，禮闈復下第，有神見夢于人曰："陳先生卷爲人投之水矣。"其後二十年，御史鄺某聞之禮部尚書某從吏云："某所爲也。"先是，先生寓居神樂觀，科道諸公往來請益無虚日。既而某被科道劾，疑出先生，故特惡之深，且曰："彼戴秀才頭巾爾，動人若是，脱居要路，當何如耶?"揭曉，編修某時爲同考試官，主書經房，索落卷不可得，欲上章自劾，冀根究不果。時京師有"會元未必如劉戩，及第何人似獻章"之謡，以及輿夫販卒，莫不嘖嘖稱屈曰："可惜陳先生不中"，時即有人夢曰"經倫不屬陳先生"矣。群公往慰先生，先生大笑。莊昶進曰："他人戚戚太低，先生大笑太高，二者過不及。"先生頷之。其居神樂觀也，北士粗鄙者數人約曰："必共往困折之。"及見先生神樂觀，洞然氣沮口噤，各不能發一語，反致羞而退，因語人曰："果異人，不可狎也。"今右布政使周某時同游太學，所藏古人墨迹愛逾拱璧，先生因借閲，經旬不還。某數取，先生笑曰："試君爾，君得非所謂玩物喪志者乎?"某遂有所警發。

南歸杜門却掃，潛心大業，道價嚮天下，四方學者日益衆，往來東西兩藩部使以及藩王島夷宣慰，無不致禮于先生之廬。先生日飲食，供賓客，了不知其囊之罄也。自朝至夕，與門人賓友講學，論天下古今事，或至漏下，亹亹不少厭倦。翌旦，精神如故，雖少壯者自以爲莫及也。江右藩臬左布政使陳某等修復白鹿洞書院成，以山長書幣走生員劉某等，聘先生爲十三郡士者師，先生報書謝不往。

壬寅，廣東左布政使彭韶上疏，略曰：“國以仁賢爲寶，臣才德不及獻章萬萬，猶叨厚禄，顧于獻章醇儒乃未見收用，誠恐國家坐失爲賢之寶。”疏聞，憲宗皇帝可其奏。部書下，有司以禮勸駕，先生以母老并久病辭。時巡撫都御史朱英懼先生終不起也，具題薦，末云：“臣已趣某就道矣。”且告之故，曰：“先生萬一遲遲其行，則予爲誑君矣。”先生不得已，遂起。

至京師，朝廷用故事敕吏部考試，會疾，不果赴，上疏略曰：“臣母以貧賤蚤寡，俯仰無聊，殷憂成疾，老而彌劇。使臣遠客異鄉，臣母之憂臣日甚，愈憂愈病，愈病愈憂，憂病相仍，理難長久。臣又以病軀憂老母，年未暮而氣則衰，心欲爲而力不逮。夫内無攻心之疾，則外不見從事之難；上有至仁之君，則下多曲全之士。願乞養病終養。”疏上，憲宗皇帝親閱者再三，明日，受翰林院檢討，俾親終疾愈，仍來供職，蓋異數也。先生以表謝不辭，學士李某贈别詩云“只有報恩心未老，更無辭表意全真”，蓋實録也。祭酒某，先生同省人也，素忌先生重名，及至京師，使人邀先生主其家。已而先生僦居慶壽寺，某寓之後，因修述陰令所比誣先生，學士某見之不平，爲削去。

歸經南安，知府張某問出處，對曰："康齋以布衣爲石亨薦，所以不受職而求觀秘書者，冀得間悟主也。惜乎當時宰相不悟，以爲實然。言之上，令受職然後觀書，殊戾康齋意，遂決去。某以聽選監生薦，又疏陳始終願仕，故不敢僞辭以釣虚名。或受或不受，各有攸宜爾。"某唯唯。暨歸，歲有薦辟，先生皆援詔不行。初，應詔而起也，道出羊城，所至觀者如堵，至擁馬不得行。歸之日，五色慶雲繞其所居之第，經日始散。

弘治庚申，給事中吴某以先生及尚書王某、侍郎劉某、學士張某、祭酒謝某等八人同薦，與二三儒臣入内閣柄用，上方勑吏部查勘，命將及門而先生歿矣。是年二月十日也，享年七十有三。

歿之前數日，蚤具朝服朝冠，令子弟扶掖，焚香北面五拜三叩首曰："吾辭吾君。"復作一詩云："托仙終被謗，托佛乃多修。弄艇滄溟月，聞歌碧玉樓。"曰："吾以此辭世。"歿之日，頂出白氣貫天，勃勃如蒸，竟日乃息。前一夕五鼓，鄰人聞車馬駢闐，異之，急出，見一人若王者狀，儀節甚都，出先生廬而去，以爲大官至。及旦詢之，無有也。

先配張，生子二人：曰景雲，作小詩得唐人體裁；曰景暘，充邑庠生，先先生卒。女二人，壻黄彦民；指揮倪麟，後改譚某。孫男三人：曰田，曰畹，皆庠生；曰豸，尚幼。繼室羅，無出。

先是，知縣左某以醫來，先生病已亟矣，門人進曰："藥不可爲也。"先生曰："飲一匕，盡朋友之情。"飲已，作詩遣之。殁後一月，提學僉事宋某移文當道，請入祀鄉賢祠；都御史鄧某疏乞恩典，草已具，尋卒；御史費某疏乞不拘常例，贈官諭祭，不報。是年七月二十有一日葬于圭峯之麓辛向之原，遠近會葬者幾千人。左布政使周某贈白金三十星助葬，誄之以辭，刻石于墓。三府暨藩臬諸公、門人親友遠近相續，設奠致賻，殆無虚日。於戲！生榮死哀，吾於先生乎見之矣。

先生少負氣節，每出少挫，歸輒對伯兄泣，不食。房婢偶露體，告太夫人，必黜之乃已。迨晚年，涵養深至不可測。孝弟出于天性，事太夫人甚謹，太夫人非先生在側輒不食，食且不甘。先生在外，太夫人有念，輒心動，亟歸果然。母愛子慕，惟日不足。太夫人頗信浮屠法，及病，命以佛事禱，先生從之。御史王某曰："此見先生變通處也。"北行時，不能别太夫人，欲仿徐仲車故事，伯兄不可，曰："吾弟爲人子，吾獨不爲人子？"兄弟泣爭，義感行路。太夫人卒從伯兄之請。太夫人殁，以七十年之孤子居九十年之母喪，哭擗食素，一如先王之禮。太夫人老耋，康強如壯，先生以古稀年顧多病，嘗慮一旦身先朝露，不能送太夫人終，故自太夫人七十年之後也，每夕具衣冠，秉燭焚香，露禱于天，曰：“願某後母死。”後喪太夫人，服闋，絶不衣錦繡，曰：“向者爲親娱耳。”通判顧某曩見先生束木帶，解所束玳瑁贈，至是反之。一念衡山，靡間朝夕，曰：“自今以往，未死之年皆贅也。”事伯兄如父，坐必隅坐。雖迹處山林，其愛君憂國之心，視諸食禄者殆有甚焉。憲廟之升遐也，哀詔至，先生如喪考妣。故其詩曰：“三旬白布裹烏紗，六載君恩許卧家。溪上不曾攜酒去，空教明月管梅花。”知言者讀之，當知先生之心無一日不在天下國家也。

爲人豁達大度，不見小利。未第時，鄰人有侵其屋地者，欲威之以力，揚言于衆曰：“陳氏子異日他出，我必辱于途。”及見，不覺自失。先生曰：“尺寸地，吾當爲若讓。”其人慚，竟不能作惡而去。又有侵其田者，處亦如之。後復有盗葬其祖墓者，先生怒曰：“此義不共戴天也，彼不即悛，吾即訟之官，吾敢沽虚名而失大義哉！”盗葬者聞之，果悛。巡撫湖廣都御史謝某遺先生壽木甚美，一日，其交厚陳某者卒，遺言必得木如先生者。其子以告，先生即舉以畀之。林良者，以畫名天下，嘗專意作一圖爲先生壽，惠州知同林某至，閲之，愛甚，先生亦畀之無吝色。知縣趙某頗著貪聲，懼先生遇，嘗道露其事，遺白金數鋌爲太夫人壽，先生不得已受之，戒家人勿啓。後某以贓去官，先生追而還之，其人感泣。提舉汪某慕先生特甚，在海北特作懷沙亭以寓仰止，亦數以白金爲先生壽。其卒于官也，先生盡封還以爲賻。參政伍某、僉事戴某輩以次各遺白金，欲新先生居，却不可，乃營小廬山書屋以處四方學者。初年甚窶，嘗貸粟于鄉人，僉事陶某知之，遺田若干傾。晚年按察使李某仿鄭富公故事，破數百金買園一區於羊城，先生皆却不受封券，至于三四往返。御史熊某仿洛陽故事，欲建道德坊于白沙，以風士類。先生力止不可，乃議創樓于江滸，爲往來嘉賓盍簪之所，榜曰“嘉會”，先生曰：“斯可矣。”

先是，某亦以疏薦于朝，都御史鄧某仿林逋故事，檄有司月致米一石，歲至人夫二名。先生卻之以詩云：“孤山鶴啄孤山月，不要諸司費俸錢。”行人左某出使外夷，以其師某意致白金三十星，先生亦卻之。太夫人兄弟之子陳某幼無依，先生收育，教之成人，至割田廬以樹其家。嘗買婢，得邑人尹氏女，既而知之，嘆曰：“良家子也。”命内人撫育之如己女，及笄，擇壻嫁之。友人莊昶病，遺書求先生門人知醫范規者往，規貧不能赴，先生即備行纏服食津遣。與人交，無生死炎涼之别。都御史朱某柩歸桂陽，爲文，遣子不遠數千里設奠。尚書彭某、御史袁某、經歷張某輩之歿也亦然。其聞羅某、袁某、張某之訃也，皆設位哭，爲之緦服三月。參政胡某爲提學僉事時，雅重先生，常選生員有異質者十餘人往受業，今學士梁某、參政李某輩與焉。其後某遭憂，先生特吊其母喪于新喻。及吊吴康齋墓于崇仁，羅某墓于永豐，訪莊某宅于江浦。

其論治道，以正風俗、成人才爲急務。知縣丁某之初知新會縣事也，出其鄉人給事中董某書爲介，求執弟子禮。先生百凡啓迪，以致四禮大行，民愛之如父母。及卒于官，先生綜理其後事如己事。後民立祠于白沙，先生記之。其始終成就，皆先生之力也。顧某爲同知，知德慶州卒，事遭不測，先生毅然任其事，曰："朋友之責也。"後聞其子至，乃已。李某裹糧自嘉魚數千里從學白沙，凡二年，先生服食行纏，待如子弟。復築楚雲臺以居之，臺榜一聯云："有月嚴光瀨，無金郭隗臺。"其欲來天下之善蓋如此。學士王某聞而嘆之，盛稱先生，見黄公《釣臺記》。門人林某始有志于學，後爲貧累，先生欲成之，謀田于肇慶同知張某。以某不歸，乃不果。迎先哲宋丞相菊坡像，爲文祭于家，隅坐瞻仰，若子弟之于師者久之。程節婦，鍾氏子也，孀居二十七年，貧甚，先生加其節，表之以詩，復歲時遺以綾布。君子謂先生使其大得志，表先德，舉賢才，當不遺餘力也。厓山大忠祠、慈元廟之建，與夫祀典之舉也，皆發議于先生，與副使陶某、右布政劉某、僉事徐某共成之。大忠祠成，太夫人夢金冠三人，從甲士數百謝于門。慈元廟之未建也，先生夢一女人后飾，立于大忠之上，曰："請先生啓之。"後十年建廟，即其所也。故先生《吊慈元詩》有"依稀猶作夢魂通"之句。先生精神嘗與神明通。居外海陳某宅，有異人來見，語秘不傳，臨殁，夢與濂溪、兩厓答歌于衡山之五峯，皆紀之以詩。北歸時，泊舟江滸，夜半有人呼，急起。未幾水至，溺死人畜無算，因得免。

先生德氣粹面盎背，無貴賤老少莫不起敬。給事中賀某執弟子拜跪禮，至躬爲之捧硯研墨。既别，肖先生小像縣于家之别室，出告反面，有大事必白。羅某改官南京修撰，先生謂曰："子未可以去乎？"某即日解官去。壬寅，别都御史朱某于蒼梧也，某預約束參隨官竢先生至，掖之從甬道出入。先生力辭不能，某曰："古之聖帝明王尊賢之禮，有膝行式車者，況區區乎！"中貴某謁先生廬，至江滸，却肩輿走數百步。入京師時，經南安，知府張某仿曹參師葢公禮以待先生。道出淮陽，總戎平江伯陳某往復，差官具人船護送，極其禮意之隆。暮年欲卜築衡嶽，都御史沈某創屋，士人某等割田以待。左布政使周某甫下車即謁先生于白沙，欲請先生入省，南面坐受拜咨，問以風一方，以先生病，不果。嘗經山鄉，熱甚，思生菜，值山氓植者良少，前此貴客重價求之弗獲，先生至，山氓群來獻之。京師走家童市靴于肆，工人問自先生，亟易以佳者。其至誠能動，往往如是。

先生之始爲學也，激勵奮發之功多得之康齋。自臨川歸，足迹不至城府。朱某時爲參議，造廬求見，卒避不見。閉户讀書，盡窮天下古今典籍，旁及釋老稗官小説。徹夜不寢，少困則以水沃其足。久之，乃嘆曰："夫學貴乎自得也，自得之，然後博之以典籍，則典籍之言，我之言也。否則典籍自典籍，而我自我也。”遂築一臺，名曰春陽，日靜坐其中，足不出閾外者數年。故其答某問學詩曰：“古人棄糟粕，糟粕非真傳。眇哉一勺水，積累成大川。亦有非積累，源泉自涓涓。至無有至動，至近至神焉。發用兹不窮，緘藏極淵泉。吾能握其機，何必窺陳編。學患不用心，用心滋牽纏。本虚形乃實，立本貴自然。戒慎與恐懼，斯言未云偏。後儒不省事，差失毫釐間。寄語了心人，素琴本無弦。”久之，又嘆曰：“夫道非動靜也，得之者動亦定，靜亦定。無將迎，無内外。苟欲靜，即非靜矣。”于是隨動隨靜以施其功，故示其門人張某詩曰：“知夜則知朝，西風漲暮潮。千秋一何短，瞬息一何遥。有物萬象間，不隨萬象凋。舉目如見之，何必窮扶摇。”又曰：“登高未必高，老脚且平步。平步人不疑，東西任回顧。豈無見在心，何必擬諸古。異體骨肉親，有生皆我與。失之萬里途，得之咫尺許。得失在斯須，誰能别來去。明日立秋來，人方思處暑。”又曰：“兩脚著地此何關，白雲與爾同去還。正當海濶天高處，不離區區跬步間。”蓋其學初則本乎周子主靜、程子靜坐之説以立其基，其有自得之效，則有以合乎見大心泰之説。故凡富貴功利、得喪死生，舉不足以動其心者。其後造詣日深，則又以進乎顔氏之“卓爾雖欲從之末由也已”之地位，而駸駸乎孔子無“意、必、固、我”之氣象矣。其學有本原，進有次第，的然可據如此。迨其晚年，超悟極于高遠，則又有非他人所能窺測、言語所能形容者矣。其始懼學者障于言語、事爲之末也，故恒訓之曰“去耳目支離之用，全虛圓不測之神”；其後懼學者淪于虛無寂滅之偏也，故又恒訓之曰“不離乎日用而見鳶飛魚躍之妙”。門人各隨其所見所聞執以爲則，天下之人又各隨其所見所聞執以爲稱，果足以知先生之道也哉？故其詩曰“千年無鮑叔，一懶有柴桑”，蓋亦嘆天下之莫我知也。所恃天下之大，千百世之遠，其心同，其理同，必有知言者誦其詩讀其書，當有以知其人卓卓哉孔氏道脈之正傳，而伊洛之學蓋不足道也。是故見諸日用，雖與百姓同也；至于不言而信，不怒而威，聞風者興起，沐化者心服，蓋有莫知其爲之者。使得大用于世，綏來動和之效，庶幾乎！先生嘗以道之顯晦，在人而不在言語也，遂絶意著述，故其詩曰“他年儻遂投閒計，只對青山不著書”。又曰：“莫笑老慵無著述，真儒不是鄭康成。”有勸之者，對曰：“伏羲著述，數畫耳，況畫前又有易乎？”

君子曰：先生著述可謂富矣，自一言演之可萬言，自萬言歛之可無言。今其詩文不下萬餘首，獨非著述乎？其爲文也，主理而輔之以氣，雖不拘拘于古人之繩尺，故自有以過人者。其爲詩也，則功專而入神品，有古人所不到者矣，蓋得李、杜之製作而兼周、邵之情思，妙不容言。故其詩曰：“子美詩中聖，堯夫又别傳。後來操翰者，二妙少能兼。”今蒼梧、山東皆梓行其集，惜乎未全也。至于揮翰如其詩，能作古人數家字，山居筆或不給，至束茅代之。晚年專用，遂自成一家，時呼爲茅筆字，好事者踵爲之。故其詩曰：“神往氣自隨，氤氲覺初沐。賢聖一切無，此理何由矚。調性古所聞，熙熙兼穆穆。恥獨不恥獨，茅根萬莖秃。”又曰“茅君頗用事，入手稱神工”，又曰“茅龍飛出右軍窩”，皆指茅筆也。天下人得其片紙隻字，藏以爲家寶。康齋之壻某，貧不能自振，造白沙求書數十幅，歸小陂，每幅易白金數星。庚申，朝廷遣官使交南，交南人購先生字，每一幅易絹數疋。時從人僅攜一二幅，恨不能多也。

先生教人，隨其資稟高下、學力淺深，而造就之，循循善誘，其不悟者不強也。至于浮屠、羽士、商農、僕賤，來謁者，先生悉傾意接之，有叩無不告，故天下被其化者甚衆。南畿僧太虚知名當世，亦以其學求正于先生。先生復書，以“逝者如斯夫，不舍晝夜”告之曰“我以此證也”。先是，先生道南畿，見太虚，告以念老母，太虚爲朝夕聖前祝願，至先生歸相見乃已。其篤信如此。

嗚呼！若先生者，君子謂周子之後一人而已者，非耶？某也無似，自成化辛丑見我先生于白沙，我先生即以國士待。其後受教多而辱愛厚，臨歿具書趣至白沙，寄以斯文，告門人羅冕曰：“吾道吾付吾某矣。”示以詩云：“古往今來幾聖賢，都在心上契心傳。孟子聰明還孟子，誰今且莫信人言。”又曰：“萬丈祝融何處山，三年碧玉夢相關。多少畫工傳不去，都没賢今盡幅寬。”又曰：“病久唯聽命，詩成不浪傳。門前花十丈，玉井正開蓮。數椽剛到地，一棟正横天。不亡吾道在，萬萬歲相連。”因執某手曰：“出宇宙者子也。”既而曰：“孔子之道至矣，願毋畫蛇添足。”又曰：“用斯行，舍斯藏，子其勉之。吾言止是矣。”嗚呼！言猶在耳，不肖某斗筲之器，何修何爲而後可以少副我先生付托之重乎？

先生殁後，門人聚議，以湛某爲行狀，李某爲墓誌銘，梁某爲傳，而墓表則屬之某也。某之爲行狀也，倉卒事多未備，某竊懼久而湮晦無傳，暇日因重爲補葺，以爲天下後世君子告，且備異日史氏采録焉。謹狀。

弘治十四年歲在辛酉閏七月甲申，門人承直郎户部主事張詡狀。

（萬曆二十九年重刻本《白沙子全集》附録）

白沙先生墓表

天旋地轉，今浙閩爲天地之中，然則我百粵其鄒魯歟？是故生臨雪應，天道章矣，哲人降生，人事應矣。於焉繼孔氏絶學以開萬世道統之傳，此豈人力也哉？若吾師白沙先生蓋其人也。先生以道德顯天下，天下人響慕之，不敢名字焉，共稱之曰白沙先生。

先生生而資稟絶人，幼覽經書，慨然有志于思齊，讀秦漢以來忠烈諸傳，輒感激齎咨，繼之以涕洟，其嚮善蓋天性也。壯從江右吴聘君康齋游，激勵奮起之功多矣，未之有得也。暨歸，杜門獨掃一室，日靜坐其中，雖家人罕見其面。如是者數年，未之有得也，于是迅掃夙習，或浩歌長林，或孤嘯絶島，或弄艇投竿于溪涯海曲，忘［形］骸，捐耳目，去心志，久之，然後有得焉。于是自信自樂。

其爲道也，主靜而見大，蓋濂洛之學也由斯致力，遲遲至于二十餘年之久，乃大悟廣大高明不離乎日用，一真萬事真，本自圓成，不假人力。其爲道也，無動靜内外大小精粗，蓋孔子之學也，濂洛之學非與孔子異也。《中庸》曰："誠者，天之道也，誠之者，人之道也。"誠者誠之，其理無二，而天人相去則遠矣。由是以無思爲無之心，舒而無爲意必固我之用。有弗行，行無弗獲，有弗感，感無弗應。不言而信，不怒而威。故病亟垂絶，不以目而能書，不以心而能詩，章雲漢而諧金石，胡爲其然也？蓋其學，聖學也，其功效絶倫也固宜。

或者以其不大用于世爲可恨者，是未知天也。天生聖賢，固命之以救人心也，救人心非聖功莫能也。聖功叵測，其可以窮達限邪？且治，所以安生也，生生而心死焉，若弗生也。吾于是乎知救人心之功大矣哉！孟子曰"禹、稷、顔回同道"，韓子曰"孟子之功不在禹下"，此之謂也。先生雖窮爲匹夫，道德之風嚮天下，天下人心潛移默轉者衆矣。譬諸草木，一雨而萌芽者皆是，草木蓋不知也。其有功于世，豈下于救洪水驅猛獸哉！若此者天也，非人力也。

先生諱獻章，字公甫，别號石齋，既老曰石翁，吾粤古岡産也。祖居都會，先生始徙居白沙。白沙者，村名也，天下因稱之。其世系出處，見門人李承箕銘、湛雨狀者詳矣，詡特以天人章應之大者表諸墓，以明告我天下後世，俾知道統之不絶，天意之有在者蓋如此。

弘治庚申春三月望後，門人張詡廷實撰。

（萬曆二十九年重刻本《白沙子全集》附録）

明故翰林院檢討白沙陳先生改葬墓碑銘

惟明宣德戊申歲十月二十一日，白沙陳夫子公甫誕于新會，惟育成于妣旌節林氏，惟生于考琮樂芸之既卒。樂芸生于渭川，渭川生于東源，東源生于判鄉，惟乃高祖。

惟夫子有生乃異，始讀《孟子》，志于天民；二十年舉于鄉，二十有七年罷于禮闈。從學于吴聘君，聞伊洛之緒。既博記于羣籍，三載罔攸得；既又習静于春陽臺，十載罔協于一，乃喟然嘆曰："惟道何間于動静，勿忘勿助何容力，惟仁與物同體，惟誠敬斯存，惟定性無内外，惟一無欲，惟元公淳公其至矣。"故語東白張子曰："夫學至無而動，至近而神，藏而後發，形而斯存，知至無于至近，則何動而非神。

故藏而後發，明其幾矣；形而斯存，道在我矣。夫動，已形者也；形斯實矣，其未形者，虚而已矣。虚其本也，致虚所以立本也。”語南川林生曰：“夫斯理無内外，無終始，無一處不到，無一息不運，會此則天地我立，萬化我出，而宇宙在我矣。得此欛柄，更有何事？上下四方，往古來今，渾是一片。自兹以往，更有分殊合要理會，終日乾乾，存此而已。”甘泉湛生因梁生景行以見，語之曰：“噫，久矣，吾之不講于此學也！惟至虚受道，然而虚實一體矣，惟休乃得，然而休而非休矣。惟勿忘勿助，學其自然矣；惟無在無不在，斯無忘助矣。”問體認天理，曰：“其兹可以至聖域矣。”問參前倚衡，曰：“惟子是學矣。”問：“東所張子敏也，子何不之講？”曰：“弗問弗講，且順其高談，然幾禪矣。”

甘泉生曰：夫至無，無欲也；至近，近思也。神者，天之理也；宇宙，以語道之體也；乾乾，以語其功也；勿忘勿助，一也，中正也，自然之學也。皆原諸周程至矣。惟夫子道本乎自然，故與百姓同其日用，與鬼神同其幽，與天地同其運，與萬物同其流。會而通之，生生化化之妙，皆吾一體充塞，流行于無窮。有握其機而行其所無事焉耳矣。惟夫子學本乎中正，中正故自然，自然故有誠，有誠故動物。

惟歲丁亥，游于太學，祭酒邢公爲之彰厥譽，一峯羅子、定山莊子爲之左次，遼陽賀子爲之執摯；惟歲壬寅，方伯彭公、督府朱公爲之薦其才。夫子疏于朝，曰：“臣母以貧賤早寡，俯仰無聊，殷憂成疾，老而彌劇。使臣遠客異方，臣母之憂臣日甚。愈憂愈病，愈病愈憂，憂病相仍，理難長久。臣又以病軀憂老母，年未暮而氣則衰，心有爲而力不逮。乞歸養。”欽授翰林院檢討，不敢辭，自爾薦書歲至，不行。或勸之著書，不答。夫不辭，以嘗係仕籍也，恭君命也；不行，達可行也，夙志也；不答，著述之精寓諸詩也。夫道，知語默動靜而不失其正焉耳矣。

惟弘治戊午遘疾彌留，弗興。越二年庚申二月十日乃卒。方伯周公孟中葬之圭峯。越二十有一年，惟正德辛巳，胤子景雲謀及門下晋江知縣梁生景行、翰林編修湛生若水、庠生鄧生德昌、湯生霈、太學生趙生善鳴、處士梁生景孚，曰：“惟予家中否，惟予兄弟二人，景暘也先折，惟諸子弗振。惟我顯考之藏卜罔知吉，至以累子。”若水輩乃以鄧生、湯生具，以十一月十二日改葬皂帽峰下。聞于憲長汪公鋐，以聞于巡按謝公珊，下于府太守簡公沛，爲助之金。總鎮韓公慶聞而先助之，吏部方公獻科益助之，府命縣典史賀恩、義官鄭南鳳、士人馬國馨董葬事。乃襄事，餘置祭田，買其前湖，湖曰自然，昭至學也。

昔者水也聞諸夫子曰：“天下未有不本于自然，而徒以智力收顯名于當年、精光射來世者也。”夫自然則誠矣，故夫子之生也，人榮之，其死也，人哀之。其誠之所爲乎？

銘曰：混沌既鑿，源遠益分；分乃支離，體用弗原。孔孟而下，若更一門；門各爲户，競出異言。渾渾濂溪，有沿其源。一爲聖學，示我大全。學絶道喪，千載棼棼。天篤夫子，握會之元。泝程而周，再復渾淪。何名渾淪，溥博淵泉。直指本體，挽漓而淳。孰惑寓言，孰惑其禪。惟此天理，二途判然。師于救世，可謂元勳。念功考德，永護兹墳。毋毀支木，以傷其根。

門人翰林院編修甘泉生湛若水撰。

（萬曆二十九年重刻本《白沙子全集》附録）

翰林院檢討陳公獻章傳

陳獻章，字公甫，廣東新會人。身長八尺，目光如星，右臉有七黑子如北斗狀。自幼潁悟絶人，讀書一覽輒記。嘗夢拊石琴，其音泠泠然，見一偉人笑謂曰："八音中惟石音爲難諧，今諧若是，子異日得道乎？"因别號石齋。一日，讀《孟子》，有"天民者達可行于天下而後行之"，慨然嘆曰："大丈夫行己當如是也。"舉鄉試，兩赴禮闈不第，聞江右吴聘君與弼講伊洛之學于臨川，遂棄其學而學焉，時年二十有七。歸自臨川，足迹不至官府，閉門讀書，徹夜不寢，少困，則以水沃其足。久之，乃嘆曰："夫學貴乎自得也，自得之，然後博之以典籍，則典籍之言，我之言也。不則典籍與我猶爲二矣。"遂築一臺，名曰春陽，日静坐其中，足不出閾外者數年。

乃復游太學，祭酒邢讓一日試和楊龜山《此日不再得》，獻章詩曰：“能飢誰藝稷，冒寒思植桑。少年負奇氣，萬丈摩青蒼。夢寐見古人，慨然悲流光。吾道有宗主，千秋朱紫陽。説敬不離口，示我入德方。義利分兩途，析之極毫芒。聖學信匪難，要在用心臧。善端日培養，庶免物欲戕。道德乃膏腴，文詞固粃糠。俯仰天地門，此身何昂藏。胡能追逸駕，但能漱餘芳。持此木鑽柔，其如磐石剛。中夜攬衣起，沉吟獨徬徨。聖途萬里餘，髮短心苦長。及此歲未暮，驅車適康莊。行遠必自邇，育德貴含章。邇來十六載，滅迹聲利場。閉門事探討，蜕俗如驅羊。隱几一室内，兀兀同坐忘。那知顛沛中，此志竟莫強。譬如濟巨川，中道奪我航。顧兹一身小，所繫乃綱常。樞紐在方寸，操舍決存亡。胡爲漫役役，斲喪良可傷。願言各努力，大海終回狂。”讓得之驚曰：“龜山不如也。”明日，颺言于朝，以爲真儒復出，由是名振京師。一時名士如羅倫、章懋、莊昶、賀欽輩，皆樂從之游。

既歸白沙，日杜門，潛心大業，四方來學者益衆。廣東西兩藩部使以及□王島夷宣慰無不致禮于其廬。朝夕與門人講學，賓友論天下古今事，或至漏下，亹亹不少倦。江右布政使陳煒等修復白鹿洞書院成，以書幣聘爲十三郡士師，謝不往。布政使彭韶、都御史朱英交薦其才，徵至京師，即疏于朝曰：“臣母以貧賤早寡，俯仰無聊，隱憂成疾，老而彌劇。使臣遠客異鄉臣，母之憂臣日甚，愈憂愈病，愈病愈憂，憂病相仍，理難長久。臣又以病軀憂老母，年未暮而氣則衰，心有爲而力不逮，乞歸養。”授翰林檢討，得請而歸。

初，獻章至京，有旨令就吏部試，辭以疾。越數日赴試，至部門，復以疾驟發辭，卒不就試。歸至南安，知府張弼問出處，對曰：“康齋以布衣爲石亨所薦，所以不受職而求觀秘書，冀得問悟主也。惜夫當時宰相不悟，以爲實然。言之上，令受職然後觀書。殊戾康齋意，遂決去。某以聽選監生薦，又疏陳始終願仕，故不敢僞辭以釣虚譽。或受或不受，各有攸宜。”弼唯唯。或勸之著書，不答。遘疾卒。

獻章德器渾成，睟面盎背，無貴賤老少莫不起敬。事母至孝，嘗出外，母有念輒心動，既歸果然。篤友誼，與人交，無生死一于厚，弔喪祭墓，不遠千里。晚而涵養益熟，脱落清灑，獨超物外。寓言寄興，莫非至理，有舞雩、擊壤之風。修撰羅倫稱其“觀天人之微，究聖賢之藴，充道以富，尊德以貴，天下之物可愛可求，漠然無動其中”，世以爲知言。

先生嘗曰：“吾年二十七始發憤從吴聘君學，于古聖賢垂訓之書無所不講，然未知入處。比歸白沙，杜門不出，專求所以用力之方。既無師友指引，惟日尋書册，忘寢忘食，如是者亦累年，而卒未得。所謂未得謂吾此心與此理未有湊泊脗合處也。于是舍彼之繁，求吾之約，惟在靜坐。久之，然後見吾此心之體隱然呈露，常若有物。日用間種種應酬，隨吾所欲，如馬之御銜勒也。體認物理，稽諸聖訓，各有頭緒來歷，如水之有源委也。”于是涣然自信，曰：“作聖之功其在兹乎？”又曰：“夫道至無而動，至近而神。故藏而後發，形而斯存。大抵由積累而至者，可以言傳也，不由積累而至者，不可以言傳也。知者能知至無于至近，則無動而非神。藏而後發，明其機矣；形而斯存，道在我矣。是故善求道者求之易，不善求道者求之難。義理之融液，未易言也；操存之灑落，未易言也。夫動，已形者也，形斯實矣；其未形者，虛而已。虛其本也，致虛所以立本也。戒慎恐懼，所以閑之，而非以爲害也。然而世之學者不得其説，而以用心失之者多矣。斯理也，宋儒言之備矣。吾嘗病其太嚴也，使著于見聞者不覩其直而徒與我嘵嘵也。是故道也者，自我得之，自我言之可也；不然，辭愈多而道愈窒，徒以亂人也，君子奚取焉？”

又曰：“終日乾乾，只是收拾此理而已。此理干涉至大，無内外，無始終，無一處不到，無一息不運。會此則天地我立，萬化我出，而宇宙在我矣。得此欛柄入手，更有何事？往古來今上下四方都一齊穿紐，一齊收拾，隨時隨處，無不是這個充塞。色一信他本來，何用腳勞手攘？舞雩三三兩兩，在勿忘勿助之間，曾點些兒活計，被孟子一口打并出來，便都是鳶飛魚躍。若無孟子工夫，驟而語之，以曾點見趣，一似説夢。會得，雖堯舜事業，只如一點浮雲過目，安事推乎？

此理包羅上下，貫徹終始，滚作一片，都無分别，無盡藏故也。”

又曰：“爲學須從静中養出端倪來，方有商量處。”林俊曰：“康齋之有白沙，猶李挺之有邵康節。始求之博，久之曰雜矣；又求之静，久之曰偏矣。雜佛老而超佛老，張、朱二夫子先迷而後獲也，遂以宋大儒爲依歸。其立志甚專，向道甚勇，涵養甚熟，德器粹完，脱落清灑，獨超造物牢籠之外，而寓言寄興于風煙水月之間，蓋有舞雩、陋巷之風焉。”（《名臣記》）

萬曆十三年，詔從祀孔子廟庭，稱先儒陳子，謚文恭。（《傳道録》）

（《國朝獻徵録》卷二二據《皇明太學志》節録）

白沙學案文恭陳白沙先生獻章

陳獻章，字公甫，新會之白沙里人。身長八尺，目光如星，右臉有七黑子，如北斗狀。自幼警悟絶人，讀書一覽輒記。常讀《孟子》所謂天民者，慨然曰：“爲人必當如此！”夢拊石琴，其音泠泠然，一人謂之曰：“八音中惟石難諧，子能諧此，異日其得道乎？”因别號石齋。

正統十二年舉廣東鄉試，明年會試中乙榜，入國子監讀書。已，至崇仁，受學于康齋先生，歸即絶意科舉，築春陽臺，静坐其中，不出閾外者數年。尋遭家難。成化二年復游太學，祭酒邢讓試《和楊龜山此日不再得》詩，見先生之作，驚曰："即龜山不如也。"颺言于朝，以爲真儒復出。由是名動京師。羅一峰、章楓山、莊定山、賀醫閭皆恨相見之晚，醫閭且稟學焉。

歸而門人益進。十八年，布政使彭韶、都御史朱英交薦，言："國以仁賢爲寶，臣自度才德不及獻章萬萬，臣冒高位，而令獻章老丘壑，恐坐失社稷之寶。"召至京，政府或尼之，令就試吏部。辭疾不赴，疏乞終養。授翰林院檢討而歸。有言其出處與康齋異者，先生曰："先師爲石亨所薦，所以不受職。某以聽選監生，始終願仕，故不敢僞辭以釣虚譽，或受或不受，各有攸宜。"自後屢薦不起。

弘治十三年二月十日卒，年七十有三。先生疾革，知縣左某以醫來，門人進曰："疾不可爲也。"先生曰："須盡朋友之情。"飲一匙而遣之。

先生之學，以虚爲基本，以静爲門户，以四方上下、往古來今穿紐湊合爲匡郭，以日用、常行、分殊爲功用，以勿忘助之間爲體認之則，以未嘗致力而應用不遺爲實得。遠之則爲曾点，近之則爲堯夫，此可無疑者也。故有明儒者，不失其矩矱者亦多有之，而作聖之功，至先生而始明，至文成而始大。向使先生與文成不作，則濂洛之精藴，同之者固推見其至隱，異之者亦疏通其流别，未能如今日也。或者謂其近禪，蓋亦有二，聖學久湮，共趨事爲之末，有動察而無靜存，一及人生而靜以上，便鄰于外氏，此庸人之論，不足辨也。羅文莊言："近世道學之昌，白沙不爲無力，而學術之誤，亦恐自白沙始。至無而動，至近而神，此白沙自得之妙也。彼徒見夫至神者，遂以爲道在是矣，而深之不能極，幾之不能研，其病在此。"緣文莊終身認心性爲二，遂謂先生明心而不見性，此文莊之失，不關先生也。先生自序爲學云："僕年二十七始發憤從吴聘君學，其于古聖賢垂訓之書，蓋無所不講，然未知入處。比歸白沙，杜門不出，專求所以用力之方，既無師友指引，日靠書册尋之，忘寐忘食，如是者累年，而卒未有得。所謂未得，謂吾此心與此理未有湊泊脗合處也。于是舍彼之繁，求吾之約，惟在靜坐。久之，然後見吾此心之體隱然呈露，常若有物，日用間種種應酬，隨吾所欲，如馬之御銜勒也；體認物理，稽諸聖訓，各有頭緒來歷，如水之有源委也。于是涣然自信曰：'作聖之功，其在兹乎？'"張東所叙先生爲學云："自見聘君歸後，靜坐一室，雖家人罕見其面，數年未之有得。于是迅掃夙習，或浩歌長林，或孤嘯絶島，或弄艇投竿于溪涯海曲，捐耳目，去心智。久之，然後有得焉，蓋主靜而見大矣。由斯致力，遲遲至二十餘年之久，乃大悟廣大高明不離乎日用，一真萬事，本自圓成，不假人力，無動靜，無内外，大小精粗，一以貫之。"先生之學，自博而約，由粗入細，其與禪學不同如此。

尹直《瑣綴録》謂先生“初至京，潛作十詩頌太監梁方，方言于上，乃得授職。及請歸，出城輒乘轎張蓋，列槊開道，無復故態。丘文莊采入憲廟《實録》，可謂遺穢青史”。《憲章録》則謂采之《實録》者，張東白也。按東白問學之書，以“義理須到融液，操存須到灑落”爲言，又令其門人餽遺先生，深相敬慕，寄詩疑其逃禪則有之，以烏有之事闌入史編，理之所無也。文莊深刻，喜進而惡退，一見之于定山，再見之于先生，與尹直相去不遠。就令梁方之詩不僞，方是先生鄉人，因其求詩而與之，亦情理之所有，便非穢事；既已受職，乘轎張蓋，分之攸宜，攬之以爲話柄，則凡講學者涕唾亦不得矣。

萬曆十三年，詔從祀孔廟，稱先儒陳子，謚文恭。

（《明儒學案》卷八）

陳獻章傳

陳獻章，字公甫，新會人。舉正統十二年鄉試，再上禮部，不第。從吴與弼講學。居半載歸，讀書窮日夜不輟。築陽春台，静坐其中，數年無户外迹。久之，復游太學。祭酒邢讓試和楊時《此日不再得》詩一篇，驚曰：“龜山不如也。”颺言于朝，以爲真儒復出。由是名震京師。給事中賀欽聽其議論，即日抗疏解官，執弟子禮事獻章。獻章既歸，四方來學者日進。廣東布政使彭韶、總督朱英交薦。召至京，令就試吏部。屢辭疾不赴，疏乞終養，授翰林院檢討以歸。至南安，知府張弼疑其拜官，與與弼不同。對曰：“吴先生以布衣爲石亨所薦，故不受職而求觀秘書，冀在開悟主上耳。時宰不悟，先令受職然後觀書，殊戾先生意，遂決去。獻章聽選國子生，何敢僞辭釣虚譽。”自是屢薦，卒不起。

獻章之學，以靜爲主。其教學者，但令端坐澄心，于靜中養出端倪。或勸之著述，不答。嘗自言曰：“吾年二十七，始從吴聘君學，于古聖賢之書無所不講，然未知入處。比歸白沙，專求用力之方，亦卒未有得。于是舍繁求約，靜坐久之，然後見吾心之體隱然呈露，日用應酬隨吾所欲，如馬之卸勒也。”其學灑然獨得，論者謂有鳶飛魚躍之樂，而蘭谿姜麟至以爲“活孟子”云。

獻章儀幹修偉，右頰有七黑子。母年二十四守節，獻章事之至孝。母有念，輒心動即歸。弘治十三年卒，年七十三。萬曆初，從祀孔廟，追謚文恭。

（《明史·列傳第一百七十一·儒林二》）

讀書雜録

整理説明

《讀書雜録》二卷，胡震亨著。胡震亨（1569—1645），原字君𠯿，後改孝轅，號赤城山人，晚號遯叟。海鹽人。萬曆二十五年（1597）舉人，此後屢試不中，謁選授直隸故城教諭。遷合肥知縣，在任公正廉明，以母年高，致仕歸鄉。後起爲德州知州，不赴。直到崇禎十年，才赴定州知州任。遷兵部職方司員外郎，時當明末，朝廷内憂外患，感於時局不可爲，胡震亨謝病歸，著書自娱。順治二年（1645），清兵南下，揚州十日，嘉定三屠，胡氏死於避難途中。

胡震亨是晚明著名的學者和藏書家。父彭述，喜藏書，有《好古堂書目》。胡震亨博洽多聞，於書無所不讀，又嗜書如命，藏書萬餘卷，若秘文僻册，靡不搜羅，人稱博物君子。時海虞毛氏汲古閣所刻諸書，多爲其編定。著有《赤城山人稿》《靖康咨鑒録》《海鹽縣圖經》十六卷、《讀書雜録》二卷，編纂《唐音統簽》一〇三三卷、《閏餘》六十四卷以及《唐詩叢談》《續文選》《李杜詩通》《秘册彙函》等。其生平及著述詳見周本淳《胡震亨的家世生平及著述考略》（《杭州大學學報》，1979年第4期）一文。

胡震亨是明人研究唐詩的巨擘，他傾畢生精力編撰成的《唐音統籤》，是一部匯集唐詩和唐詩詩話的巨著，其對唐詩的研究遠超楊慎、王世貞、胡應麟諸人。《唐音統籤》以天干爲序，共十籤，自《甲籤》至《壬籤》，按時代先後輯録所見唐、五代人全部詩稿以及詞曲、歌謡、諺語、酒令、占辭等，《四庫全書總目·〈唐音統籤〉提要》稱“所撰《唐音統籤》凡一千二十七卷，以十干爲紀，卷帙浩繁”。該書爲歷代唐詩研究者所重視，成爲清代纂修《全唐詩》之藍本，《〈御定全唐詩〉提要》稱：“詩莫備于唐，然自北宋以來，但有選録之總集，而無輯一代之詩共爲一集者，明海鹽胡震亨《唐詩統籤》始搜羅成帙，粗見規模。”其中《唐音癸籤》爲詩話集，輯録有關唐詩的研究資料，《〈唐音癸籤〉提要》稱：“（震亨）搜括唐詩，用力最劇。九籤之中，惟《戊籤》有刻，而所録不出《御定全唐詩》之外，亦不甚行。獨詩話采擷大備，爲《全唐詩》所未收，雖多録明人議論，未可盡爲定評，而三百年之源流正變，犂然可按，實于談藝有裨。”除了《唐音統籤》以外，其《唐詩叢談》《李杜詩通》也是唐詩研究的重要著作。

除了唐詩研究，胡震亨在其他方面也廣有成就，誠如陳光綍在《讀書雜録》的序中所言：“公著述最富，非獨《赤城山人集》摛藻如淵雲而已。其經世之學，則有《通考纂》；

其啓集林之秘，則有《續文選》；其裒輯乎詩苑，則有《唐音統籤》；其豫知綏寇之充斥也，則有《靖康盜鑒録》；其媲美乎《華陽國志》《吴地記》者，則有《海鹽圖經》；其博綜乎小説家，則有《秘册彙函》。”

《讀書雜録》是胡震亨的讀書筆記，《千頃堂書目》著録爲二卷，《明史·藝文志》據前者以成書，卻作三卷，當係手民之誤。《讀書雜録》的内容比較駁雜，既有考據類的心得，也有一些見聞掌故的記載，還有史料的抄録。這種形態，也反映了明人治學的特點。其中最具學術價值的是那些考據性的條目，《四庫全書總目》説：“如引元稹《白集序》證刊板始唐長慶中，引顔師古《匡謬正俗》證柏梁詩傳寫之謬，引劉孝標《世説註》證《蜀都賦》有改本，引杜牧詩證木蘭爲黄陂人，引孟元老《東京夢華録》證爆仗字，引朱子、陸游詩證豆腐緣起，引曾慥《類説》證李賀容州槎語，引王象之《碑目》證顧況《仙游記》，皆語有根據。他如辨孔子防墓、辨周稱京師，亦俱明確。”還有些條目是抄録自它書的，如抄自贊寧《宋高僧傳》卷三的有關佛藏翻譯的條目，對人們認識佛教翻譯事業就很有幫助；再如元代皇慶二年（1313）的《鄉試録》條格，也是研究元代科舉制度的珍貴史料，四庫館臣認爲它們“亦足以資考據”。還有一些條目，記載了作者當時的一些見聞，如作者記録了萬曆崇禎年間的海潮之禍，也爲後人瞭解當時的社會提供了珍貴的史料。還有一類記人物掌故的條目，如對薛素素的記載，以及王重陽和全真七子的記載，亦足資博聞。

作者在一些條目中，表達了對前人成説的質疑和諷刺，有些則表達了對末世風俗的抨擊，其中有的認識非常深刻，時至今日仍不乏啓發意義。如對明代科舉制度的反思："崇禎癸未，會闈，值大兵深入，計偕者多中途狼狽而返。時兵勢方強，李寇又踞荆襄爲患，一時士子皆知京師之危，而念不能割第，日望解嚴補試……未幾兵退，八月補試，諸得第者至明年甲申三月李寇兵破京師，盡乞降授職，殊少殉節之人，狗彘不若矣……原其讀書應舉，初蚤自算盡便宜，只顧身家，不顧朝廷故也。"對士人無節的批判似有偏激，但話説得不無道理，四庫館臣對這些言辭激烈的條目每致不滿，稱其沾染明末李贄、屠隆之習，"多傷佻薄，憤嫉世俗，每乖忠厚……以至明末時事，動輒狂詈，牽及唐之進士，並詆爲賊，其傎亦未免已甚也"。四庫館臣對此書的這兩種評價，一方面是崇尚考證的學術傾向的反映，另一方面則因清人在纂修《四庫全書》之時不無顧忌，故而極力貶低、淡化晚明作品中激烈情緒。以今日眼光來看，這些批判和反思最能體現作者思想的閃光。

《讀書雜録》成書於作者晚年，據"京師陷於李賊，大小諸臣降者以千計，至有效力爲之用者""我國家之禍，至今甲申極矣"，以及"今國家不幸遷播江表，而立國之初，諸公討賊之義未伸，固圉之謀總缺，日惟門户，授黨類，招貨賄，紛紛進取不休”等記載，既提到李自成入京，又涉及南明小朝廷的建立，可知此書成於崇禎十七年甲申（清順治元年，1644）明亡之後，當在作者去世前不久。

正因爲成書於明清鼎革之際，所以問世後没有機會刊刻。康熙十八年（1679），此書由震亨曾孫胡思黯校定，孫胡令修求序於陳光綽。陳氏在《序》中稱“今慈孫令修紹隆家學，行將盡出所論撰以問世”，説明當時《讀書雜記》尚未付梓。上海圖書館藏本的卷末有識語：“職方著述等身，此《讀書雜録》世傳頗罕。丙申冬，從拜經樓借觀，因命胡生鳳□手録之，鱣記。”拜經樓是清乾嘉年間著名藏書家吴騫（1733—1813）的藏書樓，“丙申”是乾隆三十一年（1776），“鱣”則是其好友陳鱣，説明此藏本乃是據拜經樓藏本抄録的。但《四庫全書存目叢書》和《續修四庫全書》據以影印時，均標爲“清康熙十八年刻本”，這種判定顯然是錯誤的。至於拜經樓藏本，因不見於《拜經樓藏書題跋記》，所以是否爲清康熙十八年刻本也不得而知。

本次整理，即以收入上述兩種叢書的上海圖書館藏本爲底本整理。由於未見它本，缺乏校對之資，所以個别漫漶之處無法解決，而此書抄自它書的條目，則以它書校之。箋注主要側重於書中涉及的當朝的人、事，對有資考證的掌故，也略爲注釋；爲醒目起見，將作者原文中夾雜的小字注釋移到箋注中，以“原注”標出之。

序

崇禎季年，吾鄉有職方孝轅胡公，淹雅而饒著作，爲江表學府。余少時，進而考業，百問百應，或令自抽書帙以證，無一紕漏者，以是晨夕樂有異聞，① 如游樊桐而探策府也。居無幾何，公去世，余倦游南北間。歸里閈，復游公讀書之處，而公慈孫令修與余締好忘言，匪一昔焉。今年上秋，出公《讀書雜録》以示余，而命爲之序。余嘆羨其家學之不衰，因憶被公之教已越三十餘年矣，讀書詎易言耶！今之士林，蒱博劇飲，棄短檠而不用，而揣摩者，誦應舉之文，勦襲雷同，輒以爲吾讀書也。其它在綺襦紈絝之中，於今文或偶寓目焉，而已登高第，棄堅齒肥矣，安事讀書耶？余聞公少時，與劉少彝、姚叔祥諸君子析疑賞異，以夜漏四下爲率，詰旦必舉所聞，以參考焉。故公著述最富，非獨《赤城山人集》摛藻如淵雲而已。其經世之學，則有《通考纂》；其啓集林之秘，則有《續文選》；其裒輯乎詩苑，則有《唐音統

① “聞”，原本作“耷”，下“余聞公少時”“必舉所聞”亦同。

簽》；其豫知綏寇之充斥也，則有《靖康盜鑒録》；其媲美乎《華陽國志》《吴地記》者，則有《海鹽圖經》；其博綜乎小説家，則有《秘册彙函》。今誦是編，殆又嗣秘册而抒奇靡馨者耶？觀其所記農皇之使白阜，新莽之筮太玄，李庭之涉潦水，滄州之泛瓦船，和林之建興元閣，祇覺光怪陸離，目眙而不瞚，抑何奇也！

或以爲古人讀書有不求甚解者矣，何事博學？即博學，何渠適於用耶？余以爲不然。昔敬仲知"俞兒"者也，而功著大匡；鄭僑辨"實沉臺駘"者也，而爲古之遺愛；曼倩審騶牙、識畢方者也，而直言切諫；張安世能誦亡書三篋者也，而受遺輔政。讀書顧不適用耶？

余固稔知公之好學也，登賢書以後，漁藝獵稗無虚晷。及宰合肥，民頌神父，至今尸祝之。洎乎薦守中山，登陴九拒，書勳天府，入佐樞曹，雖限於資格，未盡展其效，而讀書之裕於用，大較可睹矣。哲嗣宣子先生，殖學博聞，所著《谷水集》《談林》，名喧藝苑，已繼公之文學；念齋先生珥筆中秘，佐籌司農，兩典劇郡，志媲召、杜，更嗣公之政事焉。今慈孫令修紹隆家學，行將盡出所論撰以問世，而其曾孫思黯夙從余游，篤行好古，其校定先世諸集，如沈麟士之手鈔不倦也。吾知胡氏將永爲江表學府焉。故爲序而傳之。天下學者，必有睹威鳳之一羽，而知其九苞者哉。

時康熙己未蘭秋令日後學陳光縡拜題。

卷上

海鹽胡震亨遯叟著

人日誦萬言，以書葉計之，不過二十許葉，似不爲多，然必加遍數方熟。如加十遍，便是二百葉書，那得不費一日。此惟上等天資能辦，未可輕言也。今且誦他十分之一，千言加之百遍，書亦可漸讀盡。偶閲《癸辛雜識》，記有《易》《書》《詩》《禮記》《周禮》《春秋左傳》，字數共五十三萬有奇。①是誦萬言者，五十日之功，誦千言者，五百日之功也。更加以諸子、《史》《漢》《文選》等書，亦不過加二三千日足辦。人只因循過日，不讀，或讀亦作輟自廢耳。若肯拼數年工夫讀去，何患書之不盡，作一淹博名流哉！吾老矣，度不能垂頭償此願，書此望兒孫輩亟圖之。

【校箋】

① 原注：《易》一萬四千一百七字，《書》二萬五千七百字，《詩》三萬九千二百三十四字，《禮記》九萬九千一十字，《周禮》四萬五千八百六字，《春秋左傳》二十九萬六千八百四十五字。

書籍之有印本，云起於五代者，非也。元微之序白樂天集，已有“市井模勒衒賣”之説。而司空圖《一鳴集》載：東都敬愛寺化募雕刻。《律疏》云：“洛郊遇焚，印本散失，欲共雕鏤，計一書所印，共八百紙。”則剞劂之利，在唐世已盛興矣。

《白虎通》“夏以孟春爲正，殷以季冬爲正，周以仲冬爲正”，言時也。又云“夏以十三月爲正，殷以十二月爲正，周以十一月爲正”，言月也。言月言十三月，從長至子月數之，不以隔歲分耳。古人立言似巧，而實典如此。

漢栢梁臺詩，執金吾中尉句云“徼道宫下隨討治”，此誤本也，乃是“徼道宫中禁墮怠”耳。載顔師古《刊謬正俗》中。[1]詩全篇俱“灰”韻，《周易》“萃聚，而升不來也”，“謙輕而豫怠也”，怠叶苔，後人妄以怠非韻，改爲治，因改墮爲随，去禁添討，凑合成文耳。試思句中着“随”字成何義？謂漢人有此乎？諸選詩者，未經引之改正，爲拈出。

【校箋】

①《刊謬正俗》：八卷，顔師古著。原名《匡謬正俗》，宋代刻印時爲避太祖諱，改“匡”爲“刊”。所正謬誤，多屬古書字句訓義、讀音、形體等，間有當時俗語。“徼道宫中禁墮怠”見卷七“怠”字條。

《世説》劉孝標注引左思《蜀都賦》云：“鬼彈飛丸以礮礉，火井騰光以赫曦。”今賦無之，惟云：“金馬騁光而絶景，碧雞倏忽而曜儀。火井沈熒於幽泉，高焰飛煽於天垂。"當嫌"鬼彈"不雅，却分"火井"爲兩句耳。第未知是思所改，抑後人爲之潤色也？

余自幼好讀書，老而念歲月無幾，嗜讀尤勤。每披卷，惟恐客至，妨吾所事也。偶閲《輟耕録》載：江右胡存齋好客，惟恐閽人辭去，是日不出，即於門懸一牌云"胡存齋在家"。[①]余嘗仿其法反用之，日懸一牌云"胡遯叟不在家"可耳。

【校箋】

①《輟耕録》：即《南村輟耕録》，元陶宗儀著。胡存齋事見其書卷七"挂牌延客"條。

余居官十餘年，性不喜市官下物，[①]卧具一氈，亦諸生時所置。今年宴客撤用，竟失去，並一氈亦無之矣。超顛寓余舍，[②]問余官中置得氈幾具，意欲相借，余語之故，大笑。昔王恭從會稽還，王忱乞其坐簟，云："卿從東來，故應有此。"恭撤以與之，便坐薦上，曰："丈人不悉恭，恭作人無長物。"余政類之。然余猶謂吾輩清德未至耳。忱何以乞，超顛何以相問？必有未信於人者在此處，正當自省，未容便謂人不悉我也。

【校箋】

① 官下物：指爲官者管轄範圍内出産或生産的物品。歐陽修《與十二侄書一》："昨書中言欲買朱砂來，吾不闕此物，汝于官下宜守廉，

何得買官下物?”

② 超顛：後文有“朱超顛自言少年嘗見一畫眉”，當即朱超顛。朱超顛，即朱靜修，字孝中，號蓬萊子。明末嘉興人，諸生。隱居超峰，因自號超顛道人。

余年二十時，客黄學士[①]家。學士好作程文，老不衰，嘗語余云：“翰苑中讀書作文是常課，今相國申[②]、王[③]兩公登第初，主司慈溪袁公[④]退朝後，即召至邸中，面課文字，殆無虚日。”蓋前輩之教然也。後余年三十，計偕入京，漸聞有用山人詞客代筆者。又十年則聞庶常館課盡出代筆人之手，每課一篇價二鐶，初猶背同人私買，已則合錢共買一課，點换作數課塞白。蓋後來館試序案，只論情分，並不看課業故也。今去此二十許年，不知更何如？田令孜誚韋昭度云：“居翰苑則借人把筆，在中書則開鋪賣官。”末世何事不然？

【校箋】

① 原注：洪憲。按，黄洪憲（1541—1600），字懋中，號葵陽，秀水人。隆慶五年（1571）進士，官至少詹事兼侍讀學士，嘗奉使朝鮮。以文受知張居正，居正敗，致仕歸。有《碧山學士集》《玉堂日抄》等。

② 原注：時行。按，申時行（1535—1614），字汝默，號瑶泉，吴縣人，嘉靖四十一年狀元，歷官至太子太師、中極殿大學士。有《賜閑堂集》。《明史》有傳。

③ 原注：錫爵。按，王錫爵（1534—1611），字元馭，號荊石，太倉人。嘉靖四十一年榜眼，官至吏部尚書、太子太保、建極殿大學士。有《王文肅公全集》。《明史》有傳。

④ 原注：煒。按，袁煒（1508—1565），字懋中，號元峰，慈溪人。嘉靖十七年探花，歷官至户部尚書兼武英殿大學士。《明史》有傳。

唐人稱諸州所解士爲進士，及第則加一“前”字。今及第人始稱進士。唐稱舉子場中卷爲程文，宋亦然。今稱墨卷而以主司擬作者爲程文。此其所異也。

古來舉人對策，皆先寫策題。至宋慶曆初，以策題長，寫之不便，始罷之。今相沿不寫策題，而反以誤寫者爲違式，粘試院牆，不録。

余館黄學士家，一日，假山足糞壤中閣閣有聲，掘視之，得一破官帽，帽下一肉塊如猪腎，上有一眼閃閃，聲出其中，怪而焚之。是歲，學士捐館，蓋所謂太歲也。《酉陽雜俎》載：即墨縣王豐家掘坑，得一肉塊，蠕蠕而動。《廣異記》載：晁良正家掘得一肉物，董表儀家得肉塊，漫漫然；寧州人家得肉，正方，有數千眼。皆名之爲太歲。此其證矣。然即墨、寧州兩家人死略盡，餘皆不爲禍，此又不可盡曉也。

余生七歲時，爲萬曆之乙亥，海大溢，邑中死者數千人。丁亥再溢，崇禎戊辰三溢，死者亦近千人，爲禍烈矣。當乙亥戊辰，潮將溢之初，有老人家于海上者輒先知之，爲備。後人問其故，曰："吾知之，以其沓潮也。"蓋風駕前潮不得去，則後潮之至，海自不能容，故溢耳。此二字亦有出，《番禺記》云："早潮下，晚潮上，兩水相合曰沓潮。"[①]劉禹錫詩云："查門積日無回飆，滄波不歸成沓潮。"[②]古人輒入詩矣。吾海上人既不能銜精衛之石，安得不豫占爰居之風？

【校箋】

①《番禺記》：即《番禺雜記》，唐鄭熊撰，原書已佚。現有元陶宗儀輯録本，共十條，收入《説郛》。本條即出《説郛》本。

② 按：出劉禹錫《踏潮歌》，"查門"本作"屯門"。

余妹聟何藴葬父于本縣土橋村地，[①]去海岸頗遠，且隔有一山，乃掘地丈餘，得海蜆壳萬數，下有微水一窩，三數小海魚及黄甲蟹一枚，皆蠕蠕尚活。因憶千年前此處尚是海也。唐張鷟《朝野僉載》記富陽韓珣掘井五六尺，得魚數十頭，傍土有微潤，正與此同。

【校箋】

① 何藴，生平俟考。

余邑海去東門僅數百步，潮聲最近。天將陰，聲尤沸發，土人名之爲唑唑，讀若矬，其字不見韻書。吴人稱市囂爲唑，因以名之。有諺云："南唑風多，北唑雨多。"試之驗。唑之發多在晚夜，遥聽之如一海洪濤崩，從天半瀉下，無躲避處。《樂郊私語》載：前元至正初，監州也先不花初至州，聞之，泣謂妻："本冀作達魯花赤，榮耀院君，不意同作此州水鬼。"合家登屋號救。唐人詩"潮聲偏懼初來客"，信不誣也。

鯤，魚子也，而曰"不知其幾千里"，小不妨命大名，齊小大也。椿，朝開暮殞之木堇也，而曰"八千歲以爲春，八千歲以爲秋"，短不妨閱修紀，一短修也。善讀《莊子》者，第一開卷，知立言大指矣。

木綿一種，不見古傳記。古蠶絲外只有麻枲，績成謂之布，上下吉凶通服之，止以有純無純及粗細爲别，故自《爾雅》及《廣雅》與《齊民要術》等，並有麻而無木綿。惟元人王禎《農書》云："木綿，南海諸國所産，後福建諸縣皆有。近江東、陕右亦多種之，深荷其利。"[①]國初人陶九成《輟耕録》云：初，松江人覓木綿種於閩廣，不得其捍彈紡織之法，有崖州一嫗來教之，因競種且織，轉貨他郡，立祠祀此嫗。[②]《尚書·禹貢》"卉服"，孔安國初注止云："葛越：葛，葛藟；越，蒲屬。一云黄草屬。"唐疏同。蔡氏注始添"木綿"，明漢唐時尚未知有此。其利之廣，乃在宋末元初三百餘年内事耳。

【校箋】

① 王禎（1271—1330）：山東東平人，元代農學家。其《農書》包

括《農桑通訣》《百穀譜》《農器圖譜》三部分。引文見《百穀譜集》卷十《雜類·木綿》:“其種本南海諸國所産,後福建諸縣皆有,近江東陝右亦多種,滋茂繁盛,與本土無異。種之則深荷其利。”

② 按:此段節録自《南村輟耕録》卷二十四“黄道婆”條:“閩廣多種木綿,紡績爲布,名曰‘吉貝’。松江府東去五十里許曰烏泥涇,其地土田磽瘠,民食不給,因謀樹藝,以資生業,遂覓種於彼。初無踏車椎弓之制,率用手剖去子,綫弦竹弧置按間,振掉成劑,厥功甚艱。國初時,有一嫗名黄道婆者,自崖州來,乃教以做造捍彈紡織之具;至於錯紗配色,綜綫挈花,各有其法。以故織成被褥帶帨,其上折枝團鳳棋局字樣,粲然若寫。人既受教,競相作爲,轉貨他郡,家既就殷。未幾,嫗卒,莫不感恩灑泣而共葬之。又爲立祠,歲時享之。”

木蘭女子,詐爲男代父征行,諸家未能定其爲何時人。今讀其詩有“歸來見天子”語矣,卻又雜稱爲“可汗”,云“可汗大點兵”,云“可汗問所欲”,此可知其世矣。考可汗之號,始北朝時蠕蠕杜崙,其後人阿那環益強,北齊與通婚姻,講鄰敵禮。蠕蠕衰而突厥俟斤可汗興,北齊復欲結以傾齊,通婚尊事之,故其時人所結撰,得借“可汗”之號以稱其君。北三朝人所作無疑者。嚴滄浪、左舜齊疑爲唐人,[①]胡元瑞疑爲東晋人,[②]王弇州疑出齊梁及唐人手,[③]皆非是。謂晋、梁與唐主,可稱爲“可汗”否?惟是其人俱稱楚黄陂人。梅禹金以爲事本在北,[④]安得與黄陂相涉,其説可使人疑。然梅於南北分界地理，亦未深考也，今代《黄陂志》："木蘭村在縣北六十里，其上有木蘭將軍塚。"木蘭者，朱氏女也，杜牧《題木蘭廟》詩曰："彎弓征戰作男兒，夢裏曾經與畫眉。幾度思歸還把酒，拂雲堆上祝明妃。"《隋志》："其地蕭梁置梁安郡，陷北齊，置湘州，後改爲北江州，隋廢。至開皇十八年，改爲木蘭縣。"亦猶曹江、湰亭，以女烈得名。紫微之有詩，正在刺齊安日也，其事之在北而確爲北齊時人無疑矣。《河南通志》收爲宋州人，姓魏氏，不知何以傳訛乃爾。曹能始《名勝記》删此而紀之楚省，⑤殊有見。

【校箋】

① 嚴滄浪：即宋人嚴羽，字丹丘，一字儀卿，號滄浪，邵武人。南宋著名詩論家，有《滄浪詩話》。左舜齊，即左國璣，字舜齊，大梁（今開封）人。七歲能詩，弱冠從李夢陽就學京師，正德十一年（1516）舉人，才名籍甚，歸老汴中，肆力著作，世稱中川先生。有《南郭集》。

② 胡元瑞：即胡應麟（1551—1602），字元瑞，號少室山人，别號石羊生，蘭溪人。萬曆四年（1576）舉人，著述宏富，有《少室山房筆叢》三十二卷、《少室山房類稿》一百二十卷、《詩藪》二十卷、《七言律範》十二卷、《六經疑義》二卷、《補劉氏山棲志》十六卷、《河海志録》《金陵名勝録》等。《明史》有傳。

③ 王弇州：即王世貞（1526—1590），字元美，號鳳洲、弇州山人，江蘇太倉人。明嘉靖二十六年進士，官至南京刑部尚書，卒贈太子

少保。“後七子”領袖。著述宏富，有《弇州山人四部稿》《弇山堂别集》等。生平詳《明史·文苑傳》。

④ 梅禹金：即梅鼎祚（1549—1615），字禹金，號勝樂道人，宣城人。性不善經生業，以古學自任，詩文博雅，王世貞嘗稱之。申時行欲薦於朝，辭不赴。構天逸閣，著述其中，所著有《鹿裘石室集》，編輯《歷代文紀》《漢魏八代詩乘》《古藥苑》《唐樂苑》《書記洞詮》等。

⑤ 曹能始：即曹學佺（1574—1646），字能始，號雁澤，又號石倉居士，侯官人。萬曆二十三年進士，官至四川按察使。南明唐王稱帝，起授太常卿，遷禮部右侍郎兼侍講學士，進尚書，加太子太保。清兵入閩，自縊殉節。“閩中十才子”之首，詩文宏富，有《石倉集》《蜀中廣記》《一統名勝志》《廣西名勝志》等，輯有《石倉十二代詩選》。事迹具《明史·文苑傳》。

婦人征行，不獨木蘭。《舊唐書》：肅宗相州討安慶緒之役，有衛州婦人侯四娘，滑州婦人唐四娘，□州婦人王二娘歃血，[①]請赴行營自效。皆補果毅。

【校箋】

①“□州”：《舊唐書·肅宗本紀》作“某州”，清趙翼《陔餘叢考》卷四二“女扮爲男”條：“史思明之亂，衛州侯四娘、滑州唐四娘、青州王二娘，相與歃血，赴行營討賊。”俞樾《茶香室四鈔》卷五“婦人統兵”條引明周嬰《卮林》：“肅宗乾元初，衛州婦人侯四娘，滑州婦人唐四媳，集州婦人王一娘，歃血政府采購赴行營討賊，皆補果毅，咸官妖也。”或作“青州”，或作“集州”，未知孰是。

今俗間用紙裹硝藥，火之作聲者，通名爆丈。雖仿爆竹驚山魈之説爲之，而其名爲“丈”者，則“仗”字之誤，人不知其源而改之者也。天子殿下兵衛曰仗，常朝設焉。御便殿則喚仗入朝，罷兵衛，撤稱“放仗”。仗之爲称，唐宋同之。宋徽宗朝會宴游，設百戲，其下場、登場交換際，必發硝火，作烈聲猛焰，令仗中霧暗，觀者不知所變之戲何從來，故名爲爆仗。《東京夢華録》“駕登寶津樓諸軍呈百戲”：初有軍士百餘，列旗幟，執蠻牌舞鬥，忽一聲如霹靂者，謂之爆仗。烟火大起，舞蠻牌者退，而假面披髪若鬼神狀者進矣。又一聲爆仗，他戲又上，變換不止五六次。[①]此爆火稱爆仗之始也。今仗字不便借稱，直呼爆火可。改爲丈，失其本矣。

【校箋】

① 按：此條節自孟元老《東京夢華録》卷七“駕登寶津樓諸軍呈百戲”。

《夢華録》又載其時酒樓之盛，即兩客飲，用銀注碗，盤楪近百金。其稍相熟者取酒回家飲客，亦借與三五百金器具，聽次日取。都人風俗奢侈，眼界亦寬大，不肯輕覷四方客旅。今京師酒館，銀器須主客自攜，不能具一小卮。同一都會而貧富不同如此，將物力減耶？抑人情險變難托耶？

崇禎十六年，自五月不雨，至七月，農人戽河水救苗，河盡涸矣。忽松江泖水增長數尺，倒灌至吾邑，隨戽隨滿，苗得以不死，歲薄有收。此雖農之慶，實水沴也。考至正之二十五年六月二十三日，松江湖泖及平江嘉興水忽擁起，高三四尺，事實與此同，載陶九成《輟耕録》云。《五行志》："水自盈溢，主兵興。"是時僞吴據吾土，與天兵相持，其兆也。今宇内多事而吾鄉幸尚晏然，有此祲告，可無重慮乎！

俗諺呼雕鏤器物玲瓏空虚者爲庫露格，此其來遠。皮日休譏時政詩有："襄陽作髹器，中有庫露真。持以遺北國，給云生有神。每歲走其使，所費如雲屯。"[①]髹，漆也，不知其器爲何？意嵌空其中，愚彼以爲生成者耳。因記庫露出典，書此。

【校箋】

① 引句見唐皮日休《皮子文藪・誚虚器》詩。有關"庫露真"，可參潘天波、胡玉康《"庫露真"名實新釋》一文。

豆腐，惟見朱晦庵集有絶句詩，注云"世傳豆腐爲淮南王術"而已，此外有陸務觀詩"拭盤堆連展，洗鬴煮黎祁"，[①]注云"淮人名麥餌爲連展，蜀人名豆腐爲黎祁"，此以鄉語戲入詩，便又成豆腐故實矣。陸《山庖》詩又云："新舂穲稏滑如珠，旋壓黎祁軟勝酥。"用之不一。

【校箋】

① 引詩見陸游《鄰曲》詩。"連展"：王士禛《池北偶談》卷十三"唐詩字音"條："'拭盤堆連展'，連上聲，今山東製新麥作條食之，

謂之連展，連讀如輦。”

《檀弓》記孔子少孤，不知叔梁紇墓。學者多以此爲疑。鄭康成以父墓母未有不知，用《史記》“母諱之”之説，謂先因野合，故耻而不告。夫叔梁紇以七十而婚顏氏，六禮或有未備，故史云“野合”。其爲繼室爲妾或不可定，然既已子其子，則亦夫其夫，有何耻而不以夫之墓告其子乎？蓋古者墓而不墳，歲時又無墓祭，防實山，墓葬山者，因山營兆，易湮。孔子三歲失父，而母又少寡，是故一時母子間有雖知父葬在其山，不能定知其窆之所在者，此亦事理所有。人子少孤，不幸之遇，不足曲掩而姑爲之説者。迨夫母死葬不可久稽之日，不得已于五父之衢擇地以殯焉。于時盡葬之禮而仍殯之名，若謂他日得父葬所，則此爲殯也，可啓之而同葬；終不得父葬所也，則此雖殯也，亦可不必再爲之葬。委曲詳盡，有人子無限苦衷焉。故曰：人之見之者以爲葬也，其慎也，蓋殯也。乃“謹慎”之“慎”，而非“引”字讀音之訛。《史記》之説本如是。乃康成於“不知父墓”，則用史之説，更添“母耻不告”以爲聖母誣，于“殯母，人疑爲葬”，則反廢史之説，改“慎”音爲“引”，以失聖人曲待合葬謹慎之心。致孔穎達復沿誤爲疏，以爲欲使他人見者怪而致問，以得父葬之所，則似聖人又因父墓不得借母殯爲招者。世豈有如此訪墓之策？亦豈人子所以待親者哉！元儒陳澔《集注》深訾其説之非，似矣。至謂《禮經》雜出諸子，所記不可據以爲實，并《檀弓》本文而不信之，是猶聽訟者不能決訟中之情，因取訟牒而毁之也。有是理哉！《檀弓》出於聖門弟子之門人，去聖不遠，所記爲確。即所云“五父之衢”，當亦傍衢之地，以衢爲之名，非真衢路可知。學者第平心讀本文，意義自見，何以妄疑爲？

李賀《黄家洞》詩“彩巾纏踍幅半斜，溪頭簇隊映葛花”“閒驅竹馬緩歸家，官軍自殺容州槎”，咏官軍不能殺蠻，反殺容州人冒功也。槎字舊注“蠻地或以之稱民，故用之”。後閲《類説》：唐明皇每稱人爲查，言如仙槎之能隨流順便，上下天地也。其時稱天子爲“崖公”，正此類。始知槎字來歷，且嘆服其用字之妙。今試改槎字，直用“民”若“百姓”等字，絶無興味矣。

今人稱杯盤爲臺盞，蓋有始。唐龍朔間酒令：“子母相去離，連臺拗倒。”欲謂杯盤爲子母，又名盤爲臺，見《朝野僉載》。[1]

【校箋】

① 唐張鷟《朝野僉載》卷一：“龍朔年已來，百姓飲酒作令，云：‘子母相去離，連臺拗倒。’子母者，盞與盤也；連臺者，連盤拗倒盞也。”

薛素素，[1]南都院妓，姿性澹雅，工書，善畫蘭，時復挾彈走馬，翩翩男兒俊態。後欲從金壇于褒甫玉嘉，[②]有約矣，而未果。吾郡沈虎臣德符竟納爲妾。[③]合歡之夕，郡中沈少司馬純甫、李孝廉伯遠偕諸名士送之，[④]姚叔祥有詩云：[⑤]“管領烟花只此身，尊前驚道得交新。生憎一世少當意，忽謝千金便許人。合淚且成名媛別，離腸不怕沈郎嗔。相看自笑同秋葉，妒殺儂家並蒂春。”褒甫恨薛之爽約，及沈之攘愛也，寄贈薛三律云：“錦水飛來第二身，蕙心更擅藝如神。相憐南國應無輩，不悟東家别有鄰。紈扇寫留騎鳳女，寶符賫向馭龍人。碧山烟外含愁思，猶似蛾眉隔座顰。”“涼壁哀蛩吊蕙帷，計狂祝夢又多違。錦書織恨盈千曲，鈿帶縈愁減一圍。弱水藥來娥月皎，明河槎去客星微。越人不肯歸西子，花泣吴宫掩夕霏。”“銅標誌里候靈芸，中道香車改轍聞。魂逐飛蓬辭夜幙，淚隨落葉點秋裙。尾生作鬼難仇水，巫女爲神易變雲。自古情多歡便少，雙棲何必笑離群。”叔祥詩今在集中，于詩明豔流麗，余甚賞之，并略書本事傳之。薛後不終於沈，嫁爲商人婦去，尤可嘆也。

【校箋】

① 薛素素：亦名薛五，字潤娘，號雪素。萬曆間江南名妓，善詩文、書畫、簫、弈、馬術、刺繡等。胡應麟《甲乙剩言》：“素素姿度妍雅，言動可愛，能書，作《黄庭》小楷，尤工蘭竹，下筆迅掃，各具意態，雖名畫好手不能過也。”錢謙益《列朝詩集小傳》閏集：“素素，吴人，能畫蘭竹，作小詩，善彈走馬，以女俠自命。置彈於小婢額

上，彈去而婢不知。廣陵陸弼《觀素素挾彈歌》云：‘酒酣請爲挾彈戲，結束單衫聊一試，微纏紅袖袒半韝，側度雲鬟引雙臂。侍兒拈丸著髮端，回身中之丸並墜，言遲更疾卻應手，欲發未停偏有致。’自此江湖俠少年皆慕稱薛五矣。少游燕中，與五陵年少挾彈出郊，連騎遨游，觀者如堵。”繆荃孫《雲自在龕隨筆》亦記其事。

② 于褒甫玉嘉：一名于嘉，字惠生，一字褒甫，江蘇金壇人。《列朝詩集小傳》丁集下《于太學嘉》：“家世仕宦，以高才困于鎖院，遂棄去，肆力爲詩。苦愛温李皮陸諸家，字摭句搜，忘失寢食。妙解聲樂，畜妓曰弱雲，色藝俱絶，晚而棄去，忽忽不樂。詩句留連，每有楊枝别樂天之嘆。”

③ 沈德符：字虎臣，一字景倩，秀水人，萬曆四十六年（1618）舉人。有《清權堂集》《萬曆野獲編》等。《列朝詩集小傳》丁集下《沈先輩德符》：“其論詩崇尚皮陸及陸放翁，與同時鍾、譚之流，聲氣翕合，而格調迥别，不爲苟同。”

④ 沈純甫：即沈思孝（1542—1611），字純父，嘉興人，隆慶二年（1568）進士，歷番禺知縣、刑部主事，因諫止張居正奪情，遭廷杖。居正死，復官，進光禄少卿，歷太常少卿、順天府尹、陝西、河南巡撫，召爲大理卿，進工部左侍郎，以右都御史協理戎政。《明史》有傳。李伯遠，即李應徵，初名衷毅，字伯逺，號霽巖，嘉興人。萬曆元年舉人。選授臨安教諭，升南國子博士。工詩，有《青蓮館集》《澄逺堂集》《藿園集》《汗漫游》諸集。

⑤ 姚叔祥：即姚士粦，字叔祥，海鹽人。與胡震亨交好。《列朝詩集小傳》丁集下《姚叟士粦》：“與里人胡震亨孝轅同學，以奥博相尚，

蒐討秦漢以來遺文秘簡，撰《秘册匯函》若干卷，跋尾各爲考據，具有原委。馮開之爲南祭酒，較刻南北諸史，多出叔祥之手。孝轅舉鄉書，官州守，而叔祥以書生窮老。”

許渾《登越王臺》：“河畔雪飛楊子宅，海邊花盛越王臺。”楊子，漢議郎楊孚也。《廣志》：孚，字孝元，嘗樹河南五鬣松于廣州北岸，粤無雪，至此地，雪始降。今下渡頭村前，即其故宅。

自流寇起，官兵全不打仗，只尾後搶掠，效賊所爲而更甚。其時中州有“賊梳兵篦”之諺，楚有“但願死，不願生；不怕賊，只怕兵”之謡。至賊傳僞檄，亦動稱“剿兵安民”。甚矣，兵之爲末世害，至此極也！偶讀唐末《吴子華集》，有詩云：“大將怕死惟守城，官軍擾人甚於賊。”始知此害在亂季，千古同揆。

《詩話總龜》，宋阮一閲撰。分門類，冗雜不雅馴，考訂亦欠精確，後編尤甚。然晚唐五代詩人事蹟及一二殘篇斷什，多賴以存，亦詩家不可廢之書也。一閲舒城人，建炎初嘗爲袁州守，能化民息訟。後致仕，寓居袁。《袁志》載有二詩，亦可觀，附後：“馬蹄西去夕陽催，濃淡寒山翠作堆。北雁無情怕秋熱，帶將寒信過江來。”“數葉荷衣一短藜，春波亭上倚斜暉。無人會得詩中話，閑憑欄干人獨歸。”①

【校箋】

① 阮一閲：即阮閲，字閎休，號散翁，又號松菊道人，舒城人。宋神宗元豐八年（1085）進士，做過錢塘幕官、户部郎官、巢縣知縣等，宣和中任郴州知州，南宋建炎初，知袁州。致仕後居宜春。按：引文中二詩見於阮閲的《郴江百咏》，不見於正德刻本《袁州府志》，胡震亨所據何本不詳。

今人作放生會，因是勝因，然聞風捕物相售，亦多損物命，見欺漁獵之子。《列子》載："邯鄲民以正月旦獻鳩于簡子，簡子悦而賞之。客問故。簡子曰：'正旦放生，示有恩也。'客曰：'民知君之欲放之，故競捕之，死者衆矣。君如欲生之，不若禁民勿捕。捕而放之，恩不相補矣。'"[①]人之放生，昉於佛教，末世放生，中有種種情僞，那知佛教未流行前，先有預燭此事流弊者。"禁捕"一語，若力行之，即所全自廣，此是此土《慈心功德録》古本，何必求之竺乾氏之書？

【校箋】

① 引文見《列子·説符》，略有異文："簡子悦而賞之，客問故"，《列子·説符》作"簡子大悦，厚賞之。客問其故"；"恩不相補矣"，《列子·説符》作"恩過不相補矣"。

月中不獨有姮娥，《淮南子》"月御纖阿"，樂彦以爲亦女子也。但更有吴剛在，兩雌與偕處，奈何幸修月户十六萬四千眼時，眈眈不妨耳。

《窮神秘苑》：元魏盧汾夢古槐中蟻穴，有堂題曰“審雨堂”。唐人“南柯夢”或祖此。

《畫苑》稱：“蜀孟昶藏得吴道子所畫鍾馗，左手捉一鬼，以右手第二指捥鬼眼睛，一身氣力眼貌，似俱在第二指者，筆力最爲神妙。昶以示黄筌，欲改用拇指捥睛，爲更有力。筌不敢改，别畫拇指者以進，昶深賞之。”余謂昶不識畫，以左手捉鬼，以右手第二指捥睛爲順。若用拇指，則勢反而無力矣。筌自不敢深言敗昶意耳。“一身氣力，眼貌俱在第二指”，此一語自可微會。

《元命苞》云：“神農世有白阜，通水脉，使不壅塞。”“白阜”正可與“黄熊”對。

余宦北土，見北人臘月概不動土，謂是時正值土王用事也。果爾，則三夏不得火食，玄冬例禁汲水矣。故是不通之論。至東南風俗，繕修營葬等事，于臘月行之，謂歲神新舊交承，即有不利，無能爲禍，明以五日京兆待神煞也。此一念何可令神煞知？降罰不更遠乎！天無神煞則已，有則年分方位具在頒曆首幅，王制也。其可不信焉而遵？

《述異記》：滄州久視山下泉色澄緑，導爲渠，名澄緑渠，力能載金石不沉，土人以瓦鐵爲船泛之。窮石之泒，不能載芥，因字之曰弱。此水當更名强水耶！

唐玄宗朝，釋鑒真入日本國傳法，[1]漂入蛇海，其蛇長三丈餘，色若錦文。次入魚海，魚長尺餘，飛滿空中。後入鳥海，纔見飛鳥集於舟背，壓之幾没。出《高僧傳》。今入洋者，多見海底有蛟龍蟠伏，而近岸鯊魚食魚，亦擒魚空中如飛，則魚海、蛇海，信有之。惟鳥則洋外片羽無之。若偶見一鳥，或一飛蟲，即爲覆没凶兆，謝杰《出使琉球録》及《海船針經》備載其説。[②]不知真公所見群鳥，更在何洋也？

【校箋】

① 鑒真（688—763）：唐代著名高僧，俗姓淳于，揚州人，精於佛教律宗。受日僧邀請，發願東渡，先後六次，終於成功。成爲日本律宗的初祖，圓寂於日本。其生平見於宋釋贊寧的《宋高僧傳》卷十四《唐楊州大雲寺鑒真傳》。

② 謝杰（1535—1604）：字漢甫，福建長樂人。萬曆二年（1574）進士，歷官至刑部左侍郎，擢户部尚書總督倉場。萬曆七年，謝杰充册封副使，與正使蕭崇業出使琉球封尚永王，二人合撰《出使琉球録》。《海船針經》，俟考。

内典言此世界有四洲，海水限之。又云：四洲之中，爲須彌山，日月依山周行，四洲各分晝夜。惟吾中國有説亦然。鄒衍云："天下如中國之九州者有九，裨海環之，各爲一區，人民禽獸莫能相通。"[①]《禹本紀》云："昆侖山高三千五百餘里，日月所相隱避爲光明。"[②]其言大抵與竺乾氏之書多同。國土爲海水所包，即未必果爲四爲九，自可信其非一區。至日月爲山遮隱，未知於測候有合否耳？當從占天家細推之。

【校箋】

① 鄒衍語見《史記·孟子荀卿列傳》："中國名曰赤縣神州。赤縣神州内自有九州，禹之序九州是也，不得爲州數。中國外如赤縣神州者九，乃所謂九州也。於是有裨海環之，人民禽獸莫能相通者，如一區中者，乃爲一州。如此者九，乃有大瀛海環其外，天地之際焉。"

② 此句見《史記·司馬相如列傳》"西望昆侖之軋沕洸忽兮"，張守節《正義》引《禹本紀》。

佛言梵天去人世遠近，以放石爲喻。如色界初際，放一石，經一萬八千三百八十三年始到地。今考諸經論説，從閻浮世界上至諸天，皆有里數，大率倍倍。加上初一萬由旬，至堅手天，又加二萬由旬，爲持華鬘天；又三萬由旬，爲常放逸天；又四萬由旬，爲四王天。從四王天加四萬由旬，爲忉利天。[①]從忉利天加十六萬由旬，爲炎摩天；又三十二萬由旬，爲兜率天；又六十四萬由旬，爲化樂天；又一百二十八萬由旬，爲他化天。自此欲界六天，加二百五十六萬由旬，入色界八諸天，倍加如初，以至無色界而止。據此四王天至閻浮世界，地上爲十萬由旬，注亦云四萬二千由旬者，色界初際至地上爲五百十萬由旬，非即所謂日月星辰所住之天乎。今遇星隕爲石，墜至地上，仰看曳光之初，亦只俄頃耳。即云空半始見，料其離次到地時刻，定復不多。豈有墜於十萬由旬者如此之速，墜于五百萬由旬者遠須萬年之外者耶？雖知佛無誑語，理自不可遽曉也。

【校箋】

① 原注：此云三十三天。

《録異記》載：廣都縣有盤古三郎廟，頗著靈應。或問余曰："此老犹称三郎耶？"余应之曰："有兩個較渠略長數年焉，曰圓精，曰富媪。讓此兩個排行，應屬第三。"其人大笑而去。

關壯繆侯之顯靈，至於今尤赫矣。説者以爲起于隋智者大師。[①]章鄉玉泉建寺，侯現形，願護法受戒，因相传寖盛。然當時記智者上《玉泉伽藍圖》與晋王，[②]王答書云："造寺既事出神心，理生望表，即當具奏。"並不言爲何神。宋僧志盤亦云："章安師撰《大師别傳》，[③]略不及此事。"若謂無所聞知，則章安親在玉泉聽講；若謂之不語神怪，則華頂安禪強輭二魔事亦言之，何獨於此遺逸？章安，智者親受法弟子；志盤學天台教，亦智者嫡子孫也，其言如此，則壯繆之從智者而顯，其徒尚不能爲其師決之，我何所據爲傅會之乎？

【校箋】

① 智者大師：即智顗（538—597），佛教天台宗創始者。俗姓陳，字德安。隋代荆州華容人，祖籍穎川。世稱智者大師、天台大師。關羽

顯靈的傳説，始見於《全唐文》卷六八四董侹《荆南節度使江陵尹裴公重修玉泉關廟記》，記關羽顯化舍地於智顗以建寺。

② 晋王：即隋煬帝楊廣。隋開皇十三年（593）五月，智顗送《玉泉伽藍圖》於晋王。其事見宋釋志磐《佛祖統記》卷六。

③ 章安師撰《大師别傳》：指智顗門人灌頂所撰《天台智者大師别傳》，灌頂是章安人，故稱。

土司子弟工詩者，有田氏二子：一田宗文，[①]字國華，宣撫九龍之子。母吴人，善詩，生宗文。厭夷俗，出居澧水，與孫雲夢區海日交，[②]未及三十，早卒。一田九齡，[③]字子壽，號八溟山人，即宗文叔。購書充棟，叔侄自相師友，皆萬曆年中人也。宗文《上夷陵守殷無美詩》云："使君爲政楚城隅，鎮日風流吏事無。但道秦灰餘劫土，不知月色藹和珠。猿啼旅夢醒巫峽，花發鄉心滿石湖。白雪倡來高自絶，和歌寧復數巴渝。"《送吴翰之謁譚總戎》云："孤城疲馬遲斜暉，湖上鶯花歷亂飛。無那别愁還進酒，忽驚寒盡又更衣。人從鬼國觀風去，路向盤江故侶稀。倡和定知頻入幕，狂呼明月醉芳菲。"九齡《寄懷王行甫詩》云："才名江左尚烏衣，瓠落林塘静掩扉。短夢聽猿和雨斷，尺書有雁背人飛。澧蘭顧我秋紉佩，楚菊同君日療飢。占勝柯園容結社，相尋一舸澹忘歸。"

【校箋】

① 田宗文：字國華，容美（今湖北鶴峰縣）人，土家族。善詩，

有《楚騷館詩集》。

② 孫雲夢區海：即孫斯億（1529—1590），字兆儒，號雲夢山人，湖廣華容人。年十四，補弟子員。遍覽名山大川，結交天下賢士，王世貞、汪道昆、吴國倫等名流無不與交。有《雲夢詩》。

③ 田九齡：字子壽，號八溟山人，容美土司田世爵第六子，著有《紫芝亭詩集》二十卷，"後七子"之一的吴國倫爲作序，稱其詩"沖融大雅，聲調諧和"。

婺州有張巡、許遠雙廟，《志》不詳所始。遠子玫及南霽雲子承嗣，皆曾仕於婺，意二子所立也。宋嘉泰中，郡侯南康李景和，家室爲廟神所祟，疑張巡烹愛妾，鰥無所依，爲此取土偶，械而杖之，投於湖，怪始絶。事見王象之《輿地碑記》。張、許忠義正直，豈有此事？當是他魅托之爲淫污。婺于江淮爲遠矣，縱祠焉，神所不臨，是二子之先爲黷，以虚寓蒐妖爲其父玷也。韓退之嘗謂張、許子弟材下，不能通其父志，[1]豈不信哉！

【校箋】

①《韓昌黎文集》卷二《張中丞傳後敘》："兩家子弟材智下，不能通知二父志，以爲巡死而遠就虜，疑畏死而辭服於賊。遠誠畏死，何苦守尺寸之地，食其所愛之肉，以與賊抗而不降乎？"

顧況《仙游記》曰："温州人李庭等，大曆六年入山斫柴，迷不知路，逢見漈水。漈水者，東越方言以掛泉爲漈。中有人烟雞犬之候。尋聲渡水，忽到一處，約在甌閩之間，云若莽然之墟者，好田泉竹果藥，[1]連棟架險，三百餘家。四面高山，迴環深映，有象耕雁耘。人甚知禮。野鳥名鴝，飛行似鶴，入人舍中。惟祭得殺，無故不得殺，殺令地震。有一老人，爲衆所伏，容貌甚和，乍見外人，亦甚驚異，問所從來，袁晁賊未平，時政何若。具以寔告。因曰：'願来此就居，得否？'云：'此間地窄，不足以容。'爲致飲食，申以主敬。既而辦行，斫樹記道還家。及復前踪，群山萬迭，不可尋省。"載王象之《輿地碑》自注中，大與《桃花源記》相類。[2]近邑人輯況集失收，録出之。

【校箋】

① 按：《仙游記》亦見《全唐文》卷五二九。"云若莽然之墟者"：《全唐文》作："云古莽然之墟者"；"好田"句，《全唐文》本此句前有"有"字。

② 俞樾《茶香室續鈔》引《仙游記》，評曰："此亦一桃花源矣。"錢鍾書《管錐編》論《桃花源記》："《全唐文》卷五二九顧況《仙游記》刻意擬仿潛此篇，有云：'曰："願求就居得否？"云："此間地窄，不足以容。"'較潛記：'此中人語云："不足爲外人道也。"'風致遠遜。"

吾邑鍾西皋先生梁，[1]正德中登第，嘗諫南巡，受杖闕下。官至南昌守。母憂歸，遂不起。林間四十年，與一時詩人相倡和，有集數卷，戒其家無鋟木。余獨愛其《曉起》一律云："老去翻多惜子孫，閒來幾爲問雞豚。杖藜何處堪頻往，詩草經年秪半存。白髪懶梳書在手，青苔不掃客過門。孤雲自合幽人意，漫對西窻濁酒尊。"冲然有真意，可傳也。先生年八十二卒，嘗語人："好士紳生不赴鄉飲席，死不入鄉賢祠。"蓋以懲末世之濫，有激云。

【校箋】

① 鍾梁：字彦材，號西皋，海鹽人。正德九年（1514）進士，授刑部主事，進郎中，以諫武宗南巡杖闕下。嘉靖初，出知濟南府，乞歸，後以薦，補南昌。有《西皋集》。

張文潛《離黄州詩》云："扁舟發孤城，揮手謝送者。山回地勢卷，天豁江面寫。中流望赤壁，石脚插水下。昏昏烟霧嶺，歷歷漁樵舍。居夷實三載，鄰里通假借。别之豈無情，老淚爲一灑。篙工起鳴舷，輕艣健于馬。聊爲過江宿，寂寂樊山夜。"文潛平昔吟哦老杜《玉華宫》詩不絶口，洪容齋謂此詩音響節奏甚似之，信然。[①]歐公學温庭筠"雞聲茅店月"一聯，得其貌，此乃得其神耳。[②]

【校箋】

① 洪邁《容斎随笔》卷十五"張文潛哦蘇杜詩"："'溪迴松風長，蒼鼠竄古瓦。不知何王殿，遺締絶壁下。陰房鬼火青，壞道哀湍瀉。萬

籟真笙竽，秋色正蕭灑。美人爲黄土，況乃粉黛假。當時侍金輿，故物獨石馬。憂來藉草坐，浩歌淚盈把。冉冉征途間，誰是長年者？’此老杜《玉華宫》詩也。張文潛暮年在宛丘，何大圭方弱冠，往謁之，凡三日，見其吟哦此詩不絶口，大圭請其故。曰：‘此章乃風、雅鼓吹，未易爲子言。’大圭曰：‘先生所賦，何必减此？’曰：‘平生極力模寫，僅有一篇稍似之，然未可同日語。’遂誦其《離黄州詩》，偶同此韻，曰：‘……’此其音響節奏，固似之矣，讀之可默喻也。”

② 明朱承爵《存餘堂詩話》：“温庭筠《商山早行》詩，有‘雞聲茅店月，人迹板橋霜’。歐陽公甚嘉其語，故自作‘鳥聲茅店月，野色板橋春’以擬之，終覺其在範圍之内。”胡舜陟《三山老人語録》：“六一居士喜温庭筠詩‘雞聲茅店月，人迹板橋霜’，嘗作《過張至秘校莊》詩云：‘鳥聲梅店雨，野色板橋霜。’效其體也。”按：此句不見於《歐陽文忠公全集》。

《渭南集》載楊處士《村居感興》詩：“一壺村酒膠牙酸，十數胡皴徹骨乾。隨著四婆裙子後，杖頭挑去賽蠶官。”處士名朴，四婆者，即其配。詩雖宋調，有山野高逸之趣。如此夫妻，亦何减于侯光之與德曜哉！

火山軍地枯燥，不可耕，鉏犁入地不及尺，烈火隨出。陸務觀嘗得之征西小校所言云。三吴間穿地尺餘，即見水，北人聞之，亦未必信。此最善譬者。

偶與支豫我拈“南泉斬貓”一案，[①] 支問：“如何道一語救得猫兒?”余曰:“向南泉叫一聲,猫便是兒子。”夏客在傍曰:[2]“此《笑巖集》中所有也。”余寔未見此書,兒子撿出,與余語正同,且云:“衆中若有個衲僧,稍下得這轉語,任南泉就有殺人不償命底手脚,也只得與你輕輕放下。”支嘆曰:“君見地一同笑巖耶?”余曰:“罪過,罪過,笑巖嘮叨,我亦嘮叨,遮是道得底麽?”

【校箋】

① 支豫我:生平俟考。“南泉斩猫”公案:见《景德传灯録》卷八《池州南泉普願禪師》:“師因東西兩堂各爭猫兒。師遇之,白衆曰:‘道得即救取猫兒,道不得即斬却也。’衆無對。師便斬之。”

② 夏客:即震亨之子胡夏客,字宣子,順治中諸生,有《谷水集》。《四庫全書總目·谷水集提要》:“震亨家富藏書,其撰《唐音統籤》,夏客實有力。”

宋陳子兼云:“《論語》曰:‘魯衛之政,兄弟也。’司馬遷以爲此孔子爲出公哀公發也。‘晋文公譎而不正,齊桓公正而不譎’,鄭陽以爲此孔子爲哀姜發也。二人者,去古未遠,多見先秦古書而爲,是説則必有所本。”

諺有“天子避醉人”,語近於戲,然實有用之爲禮者。宋初郊祀,大駕還内,至朱雀門外,用一人衣緑衣作醉狀,闌出道上,乘輿爲之少抳,謂之“天子避醉客”。至熙寧,以鄙俗罷之。事出張芸叟《畫墁録》。又記:駕入門,門遽闔，門内抗聲問："何人？"外應曰："趙家第幾朝天子。"又問："是不是？"應曰："是。"始開門駕進，謂之勘箭。《澠水燕談》：駕還端門，有勘箭之像，過殿門，合魚契，勘箭。箭以竹爲塗，長三尺，鏤金飾其端。又以金塗銅爲鏇，長三尺，其端爲合符。魚契刻檀爲魚，金飾鱗鬣，别刻檀板爲坎，足以容魚，統謂之勘契之儀。熙寧時，其禮與避醉客同罷。按遼契丹主每自外出，乘玉輅入門，一官執雌箭門中，一官執雄箭輅前，請御箭，比勘贊合不合，遽應："合合合。"贊同不同，連應："同同同。"然後入，此所謂箭也。二事定昉於五代耶律入中原之後。然設此，亦自有微意在，蓋醉人無知不足罪，回車避之，將泣囚扇喝，可不謂即此心推廣而出？夜獵歸，城門再三不納，見賞于中興之主，亦無非爲乘輿慎重出入，防微杜姦。此雖非古禮乎，取其意而可矣。

陳晦伯《類書》"誕聖"一門，力辨生日稱"誕"之爲非。引據自謂甚確，然而未可爲通論也。《説文》："誕，詞誕也。"徐鉉曰："妄爲大言也。又大也。"《書》有"夏誕厥逸"，又"誕淫厥泆""誕敢紀其序"，皆"妄誕"之誕。徐氏"妄爲大言"。誕之正解，《書》"誕敷文德""誕受厥命"，《詩》"誕先登於岸"及《生民》詩諸"誕"字，則因"妄誕"而借用爲"張大"也。則徐説所云"又大"云者，此雖非誕之正解，而古人寔巧用之，正見其文字之妙。《玉篇》《廣韻》云“天子生日曰降誕”，《詩》“天命玄鳥，降而生商”，《生民》詩“誕彌厥月，先生如達”，想合此取“降”“誕”兩字以頌天子，以其爲商周始祖，詩中之字非天子莫當云耳。後人相尊，大凡生日亦僭稱爲誕辰，遂爲通用之字。凡言語文字借用經典，如祖孫之稱“貽厥”“繩其”，昆弟夫婦之稱“友于”“刑于”，不一而足。如謂誕自有義，不應以代生日字，即借欺妄之誕爲美大之誕，古之作《詩》《書》者已自先錯矣，何必重料理今人？

余邑魯氏，宋朝科第甚盛，有名㮚者，中紹興二十二年榜，省試詩誤押旁韻，卷已納，無可檢，尋遇鬼吏許鏹二十千，約致其家，因得卷改之，中第。其事與唐郭承嘏正同。承嘏嘗寶一法書，每隨身攜。往試雜文日，誤納此書帖，反攜試卷歸。謀之老吏，自言居興道里，索錢三萬賫試卷，換書帖出。明日，訪其家，致錢，知其爲鬼。説見劉賓客《嘉話》。魯氏事載在邑乘，邑父老尚能言之，非蹈襲《嘉話》爲之説者。棘闈中從古有鬼神事，偶相符，彌驗功名之有冥數耶。

今稱王都爲京，始于周。《白虎通》云“夏曰夏邑，商曰商邑，周曰京師”是也。其實京是地名，《公劉》詩“乃覯于京”“京師之野”“于京斯依”，此京是高丘，在豳地。《文王》詩“曰嬪于京”“于周于京”“依其在京”，此京想亦以高丘得名。地又在岐周，是周自公劉來所居地，多有以京名者。故後來興王，遂以爲王都之美稱。鎬曰京，洛亦曰京耳。《風俗通》云："京兆京師，其義皆取于大。"説雖本于《公羊》，然特京字之解耳。未悉周人所承用之自也。今人第知燕京稱長安借秦漢舊，不知稱京之借用周舊，更不知周始稱京之自借其舊。沿習久，誰復理論到此?

今人有鬥葉子之戲，上畫錢，自半文至萬萬貫，分爲四門，三門皆以多捉少，自半文至十文以少捉多，而又特立空無文，捉半文以上。雖俗戲，大有意在。謂多故勝少，無亦復勝有，寓醒人微指也。萬萬貫稱王老，亦自有出典。唐有王元寶者，富敵國，人以錢文有元寶字，因呼錢爲王老。觀此，似非淺俗子所作。

《世説》：謝太傅問子弟："亦何預人事，而正欲使其佳。"車騎答曰："譬如芝蘭玉樹，欲使其生於階庭耳。"[①]予謂問語自勝答語。顔之推云："子孫自是天地間一蒼生耳。"[②]每讀之，未嘗不三嘆其言。

【校箋】

① 謝安、謝玄問答見《世説新語·言語》。

② 引文見《顔氏家訓·歸心篇》。

黄山谷云："人生歲衣十匹，日飯兩杯，而終歲薾然疲役，此何理耶? 男女婚嫁緣，渠儂墮地自有衣食分齊，所謂'誕置之隘巷，牛羊腓字之'，其不應凍餓溝壑者，天不能殺也。今蹙眉終日者，正爲百草憂春雨耳。青山白雲，江湖之水，湛然可復，有不足之嘆耶？”[1]此尤達者之言也。爲兒孫作馬牛者，當與前顔、謝語並觀。

【校箋】

① 引文見《豫章黄先生文集》卷二五《書贈俞清老》。

今相宅者，以西爲白虎，方動作有禍犯者，亦頗驗。非始今日也。魯哀公嘗欲西益宅，史爭之，以爲不祥。《風俗通》亦云："宅不西益"，蓋流傳久矣。哀公事見《淮南子》，《家語》則以爲“東益”。合之《風俗通》所記，疑《家語》字誤也。

俗諺人注視云“眼樓樓”，《釋名》：“樓，有户牖諸孔，慺慺然，故名樓。”始知此諺蓋本于古也。

吾郡杉青閘北十里有羞墓，蓋朱買臣去婦之墓也。買臣本會稽人，爲會稽守。漢會稽治所在今吴門，其妻死葬于此，或有之。至吾郡城東東塔寺有買臣墓，則相傳之訛耳。《隋唐嘉話》云玄宗封太山之歲，“洛陽平御路，北市東南隅得銘云‘漢丞相長史朱買臣墓’”。[1]知買臣自有墓也。昔年嘗游東塔，叩一老僧，云：“此《寺志》言買臣舍宅建。吾爲沙彌時，郡守偶邀客來飲，值寺中方修葺，以殘土堆殿。後郡守顧衆僧曰：‘此買臣墓耶？’衆僧不敢辨，盡應曰：‘然。’明日，守題石碣至矣。”余謂老僧：“師言墓之僞是矣，第未知舍宅之説是否耳。當付漢明帝時白馬寺主一并勘明，于師意何如也?”因一笑而散。②

【校箋】

①《隋唐嘉話》卷下:“東封之歲，洛陽平御路，北市東南隅得銘漢丞相朱買臣墓云:‘菁言市，千載之後阿誰是?’”

② 底本有批:“按:《至元嘉禾志》云:‘買臣墓在縣東三里。’又:‘《嘉禾百咏》中並有買臣墓詩。’僧言未可信也。”按此批原在版框外之天頭處，今移於此。又按:《嘉禾百咏》爲宋代嘉興籍詩人張堯同所作，其中《朱買臣墓》云:“世事春風轉，榮枯一夢間。繡衣人不見，孤塚舊家山。”

長行之戲不傳久矣，古有《長行經》，今亦亡。注云:“‘紫牙鏤合方如斗，二十四星御月口’，趙傳歌也。‘黄楊文局龜螭蟠，琢成骰子雙琅玕。初疑月破雲中墮，復妬星移指下攢’，皎然歌也。”注又有《將軍梁》《君子行》《小人行》，所存大略止此。

處分，“分”字俗作平聲讀，非是。劉禹錫《和令狐楚聞思帝鄉曲》詩:“當初進曲者爲誰，説得思鄉戀闕時。滄海西頭舊丞相，停杯處分不須辭。”白居易亦有“處分貧家殘活計”之句，並作去聲讀也。

浮屠雄壯，宇内概有之。以近代簡册所見，似無若大元和林興元閣浮屠爲最者。浮屠之高不知幾何，周廻盡塗以金，乃復造五層大閣覆之。閣之高至三十丈，下四面爲屋，各七間，環列諸佛，刱自憲宗時。不知用金錢幾何？即至正中修葺，用中統鈔二十六萬五千貫，詳見許有壬《圭塘小藁》中。[①]有壬云："某生長熙洽世，朔南名刹罔不歷觀。聞嶺北人詫此之大，竊疑其誇，質諸嘗行陜、蜀、江、廣、閩、浙且仕嶺北之人，信天下無與爲比。"元人稱中國爲朔南，其云嶺北者，元時和林署嶺北行中省故也。

【校箋】

① 許有壬（1286—1364）：字可用，湯陰人。元延祐二年（1315）進士，歷官集賢大學士、中書左丞兼太子左諭德。致仕，卒謚文忠。事迹具《元史》本傳。有《至正集》八十一卷。《四庫全書・至正集提要》稱："有壬立朝五十年，三入政府，於國家大事侃侃不阿，多有可紀。文章亦雄渾閎肆，饜切事理，不爲空言，稱元代館閣鉅手。"

畫家李思訓官武衛大將軍，子昭道，官太子中令。唐人言山水者稱思訓大李將軍，昭道未嘗官將軍也，俗因其父稱之耳。又唐末有成都人李昇，善圖山水，蜀人亦稱爲小李將軍，見《益州名畫録》。此尤與思訓無瓜葛也。

吴淵穎先生萊有詩云：[①]"插竹侵沙魚扈短，篝燈映草蟹埼空。"《漢書・地理志》："會稽有鮚埼亭。"埼，曲岸也，鮚生其中，故名。鮚埼，鮚如蚌，有小蟹常在其腹中，名蟹所生處爲蟹埼，本此。凡捕蟹用照燈，多獲云。萊，婺人，宋景濂師也。[②]

【校箋】

① 吴萊（1297—1340）：本名來鳳，字立夫。元浦江人，元朝集賢殿大學士吴直方長子。試禮部，不第。退居深山中，肆力研究，專心著述。門人私謚淵穎先生。《四庫全書·淵穎集提要》："萊與黄溍、柳貫并受業於宋方鳳，再傳而爲宋濂，遂開明代文章之派。"著有《淵穎集》《尚書標説》《春秋世變圖》《樂府類編》《唐律删要》等。

② 宋景濂：即宋濂（1310—1381），初名壽，字景濂，號潛溪，别號龍門子、玄真遁叟等。明初著名文人，被朱元璋譽爲"開國文臣之首"。有《宋學士全集》。

元黄溍《送鹽官都目》詩"河塘燈火機聲裏，墟落鹽烟海氣間"，此一聯與前一聯寫吾土風景，宛然畫筆也。

今官府通私宅處，穴壁，安木斗傳物，號轉月，名頗雅。以爲轉穴者，非也。宋時號爲輪盤。司馬温公治家嚴，客從輪盤隙中窺見有瘦婢蓬垢力作，爲之驚嗟。事見《彦平遺書》。

"孤燈暖中夕，我憂一何忡。矧兹歲云暮，乃在遼海東。白日沉陰氣，黑水阻妖虹。綿險冒霜甲，盈野明宵烽。虚薄忝危障，忽與時會逢。覆瀋諒難拾，殘枰詎易工。已視秋鴻後，俄驚歲蜡窮。逋寇坐延息，禍亂靡所終。如何中朝士，猶與伏莽戎。豺狼夾輦立，戈矛談笑中。惜哉同室鬥，賈勇爲誰雄。胡不軫國恤，於焉殄厥凶。念此不能寐，感慨傷心胸。寂歷一開帷，寒星落高墉。看弓冷吴月，聞笳淒代風。輾轉依長夜，攢眉慘成恫。豈不飲屠蘇，愁顔寧復紅。豈不薦辛盤，五腸結不通。常恐年運駛，頹馭罔廻踪。乘時一投袂，無爲嘆征蓬。眷言同舟者，協恭而和衷。耿耿表奇暨，蹇蹇懷匪躬。立蕩天山穢，還圖狼胥封。歌舞入榆關，歸田學老農。"此故遼陽經略熊公廷弼《除夕感懷示文武僚佐》詩也。[①]傳自友人陳梁，見其親筆，讀之慨涕不能已，因手録歸。需他日論定。

【校箋】

① 熊廷弼（1569—1625）：字飛百，號芝岡，湖廣江夏人。萬曆二十六年（1598）進士，由推官擢御史巡按遼東。萬曆四十七年（1619），以兵部右侍郎代楊鎬經略遼東。天啓年間，因與廣寧巡撫王化貞不和，致兵敗。五年，被冤殺。有《熊襄愍公集》。

朱超顛自言少年嘗見一畫眉，能唱《粉紅蓮》一闋，用八十金買之。此老不誑，但不知何緣能教之唱。後見宋鄧公《壽畫記》載：政和善畫内臣魏觀察，于衛州見一老人，籠一鳥，名遏濫，惟能歌《六么》。云初教時，以木匣束其身，每五鼓，吹其脣作腔，筆管敲拍以驚其睡。如是五六年，方能之。此其教法也歟？遏濫堆，驪山有之。唐明皇幸華清，愛其聲，寫之于笛。張祜詩所云"至今風俗驪山下，村笛猶吹《阿濫堆》”是也。[1]意此鳥鳴音故近弦管，教特易耳。

【校箋】

① 引詩見張祜《華清宫》四首之三。

唐中葉，三省諸吏盤據政府爲姦，宰相亡可奈何。至有稍加責怒，即構之罷去。如鄭相餘慶之爲中書史滑涣排害者。蓋宰相用令無常，揆地僅如傳舍，則窟穴於中，植根深而結黨衆，主客之勢既殊，上下之權倒易也。今六部事多繇書役稱當該主持，銓部尤甚。曹郎有加意清刷者，輒騰謗語，或通連臺省之不肖者，便交章論劾去位。而其人遞引黨類替代，各出金錢，名爲頂首，有數千金以上者。姦安得不日多，而國事安得不日壞也?

或問:“唐大中間天官奏:‘文星暗，科場當有事。’後經三科盡覆試，復落考官，被罰都來三十人耳。何事亦干天象?”余曰:“此正如建中間雲，無知亦爲賊瑞耳。”

元王文定公惲《秋澗集》載《孔履記》，略云:“履制極古，長尺有二寸，其圈以絲，藉則以枲爲之，紋作古方，花角結駢羅紕緆如畫，不可端倪。厥首几二似圓而方，[1]狀若物勾，勢欲上達。循口有衣如罾，可相掩覆。傍綴繩約，長約數寸，殆用拘縛以斂口，哆環唇之周，中貫繶紃，疊踵之後，辮結方舒，犢鼻穿徹，色蒼艾無光，枲之纖尫者殆弊，絲之堅凝者不變也。中統三年夏，五、同宣撫徐世隆、都司劉郁、幽陵張著拜觀于先進趙公學舍。”千八百年物，尚存人間，可興起步趨者之遐慕矣。今去中統又幾三百年，不知此履爲誰氏寶藏也？

【校箋】

①“几”，疑當爲“凡”。

《秋澗集》又有《唐建昌陵石麟記》，云：“麟身首蹄鬣，一與馬同。第題顛有觡突出，肉葳蕤其端，所謂示其武而不用者。鬃鬣尾上揭，類牛而短。”觀此，則今畫家所圖，當未甚合。建昌乃高宗兄，追尊宣皇帝，陵在新隆平縣南十三里。石麟後入陵東南光業寺，不知今尚在否？

天啓二年五月，白蓮賊反鄆、滕之間，勢頗猖獗。先是，寇數起，往往以白蓮爲名，吃素念佛，謂天下將亂，其佛當出世，愚夫婦易扇惑也。尋白蓮所始，寔起謝靈運爲遠公起翻經臺，鑿池植白蓮，因號白蓮社。靈運畢命廣南，亦反賊也。乃知白蓮種子，元是夾帶惡因，效尤正復有自，無庸爲遠公故，曲爲出脱也。

天啓二年，永寧土酋奢崇明攻圍成都，百日不能破。圍解之日，撫臣朱燮元叙諸城守功次，[①] 上之朝。内有灌縣知縣左重者，[②] 率兵救成都，戰殁，雖在所叙中，而其事不甚詳。浙西參帥江之清，[③] 成都人也，謂余言：重不獨忠節可愍，成都得保全，重之功寔多。灌縣有閘宣洩江水，上通收流温江、郫縣以接成都，每當耕種時，灌縣閉閘月餘，俟其盈開之，聽其流洩。冬春間，成都城下洩盡無滴水，僅一空隍存耳。左重聞賊將至成都，急閉閘，設法引導，諸境水遂流灌至成都。成都隍渠甚闊，有一矢不能射及者。至是，滿城下盡水，奢兵不能越渡進攻，城所由得全寔藉此。重，雲南人。江因嘆息，謂當事者多忽略泯滅人功，憤憤不平云。

【校箋】

① 朱燮元（1566—1638）：原名懋賞，字懋和，號恒岳，一號石芝，浙江山陰人。萬曆二十年（1592）進士，歷官大理評事、蘇州知府、四川布政使，天啓元年以兵部尚書兼督貴州、雲南、廣西諸軍務，進少師。著有《督蜀疏草》《朱襄毅疏草》。

② 左重：雲南蒙化人，萬曆二十二年舉人，任灌縣知縣，天啓初，奢崇明圍成都，重鼓勵士民救之，力戰馬蹶，罵賊死，贈光禄寺卿。

③ 江之清：成都人，萬曆末曾任建武游擊，天啓間任狼山副總兵、浙西參帥等。

吾邑陸和州廷誥，[①] 真實君子。守和日，值巡鹾使者過州，送之遠，不及返州城，于鋪中寓宿。時方雪盛，陸卧一床，諸役人環卧床左右。陸忽見青衣人數十從前立，方疑奸民將爲不利者，心甚怖畏。大呼役人，鼾睡不即應，而青衣人亦各意色自若，乃始知其爲鬼也。陸與語曰："我守此土，爾諸鬼生前亦我民也。我即無奈爾何，獨不能告司土之神，代我一驅除乎?”諸青衣人始散匿不見。陸向人每誇此事，謂“吾能使鬼退卻，官當大顯”。然未一年即歿于和。始知鬼物不祥，能却之，不如勿見之耳。

【校箋】

① 陸廷誥：字慎言，萬曆十年舉人，海鹽人，曾任英德知縣、和州知州等。《光緒海鹽縣志》卷十《人物》：“陸廷誥，字慎言，萬曆壬午舉人，令英德，擢守和州，卒官。廷誥率真而和，理民事尤不辭勞瘁。英之政甚有聲，已列名考選矣，竟不果，時多惜之者。”

薛道衡《昔昔鹽》一詩最有稱，乃“鹽”字迄無人解。得宋洪容齋《隨筆》，第云如吟、行、曲、引類。我朝楊用修亦云：“曲之別名止耳。”未經確下一注脚也。余謂“鹽”即“豔”字，“流示之禽，而鹽諸利”，見《禮·郊特牲》可考。昔昔鹽，昔昔豔也，猶樂府之有《三婦豔》也。又何疑洪書述曲名“鹽”者?更有阿鵲鹽、突厥鹽、黄帝鹽、白鴿鹽、神雀鹽、踈勒鹽、滿座鹽、歸國鹽、刮骨鹽。楊書又引《江隣幾雜志》補烏鹽角，而“昔昔”，楊慎解爲“夜夜”，如《列子》“昔昔夢爲君”，似得之。然唐人亦有作“淅淅”者，見元微之詩“華奴歌淅淅”，自注：張生妓華奴善歌《淅淅鹽》。豈樂府題原多傳訛，如“得寶”之爲“得鞛”、“録要”之爲“六么”，概無定字耶?

卷下

海鹽胡震亨遯叟著

王弇州《青州雜懷》十首，有《徵兵解越圍》一篇，時倭亂，以青兵援吾鹽也。此日質庵公方任薊督，無恙。[1]先生東方宦軔初亨，爲父咏有"那堪欲下楊彪淚"語，自咏有"何人北海憐精衛"語。[2]先病而呻，後事竟驗。漫興詩不必強作苦調，致兆凶讖也。

【校箋】

① 按：此處"質庵"當爲"思質"之誤。質庵公，即王倬（1447—1521），字用檢，一作用簡，號質庵，江蘇太倉人。王世貞之祖。成化十四年進士，仕至南京兵部右侍郎。王世貞（弇州）任青州兵備時，其父王忬任薊遼總督，其祖質庵公已去世多年。王忬（1507—1560），字民應，號思質，嘉靖二十年進士，累官總督薊遼右都御史兼兵部右侍郎。以灤河戰事失利，下獄論死。

② "那堪欲下楊彪淚"：見《弇州四部稿》卷三五《春日閒居雜懷十首》之三。"何人北海憐精衛"：見同詩之六。

友人秀水屠用明,[①]其先世應元代鄉試，獲解，藏有其年《鄉試録》一帙，前刻科場詔旨、應行事宜及奉行各官、御名，足備一代典故。特録於後：

【校箋】

① 屠用明：明季嘉興人，著名藏書家。与祁彪佳、胡震亨等交厚。崇禎年間，曾與胡震亨謀刊《唐音統籤》，未果。

皇慶二年十一月，詔曰：我祖宗以神武定天下，世祖皇帝設官分職，徵用儒雅，崇學校爲育才之地，議科目爲取士之方，規模宏遠矣。朕以眇躬，獲承丕祚，繼志述事，祖訓是式。若稽三代以來，取士各有科目，要本舉人宜以德行爲首，試藝則以經術爲先，詞章次之。浮華過實，朕所不取。爰命中書參酌古今，究其條制，其以皇慶三年八月天下郡縣興其賢者能者,[①]充賦有司，次年二月會試京師。中選者朕將親策焉。具合行事宜於後：

【校箋】

①“興”，疑當爲“舉”之訛。

一、科場每三歲一次開試，舉人從本貫官司于諸色户内推舉年及二十五以上經明行修之士。結罪保舉以禮敦遣。諸路、府、州、縣或狥私濫舉，并應舉而不舉者，監察御史、肅政廉訪司察究治。

一、考試程式，蒙古、色目人第一場經問五條，《大學》《論語》《孟子》《中庸》内設問，用朱氏《章句集注》。其義理精明、文辭典雅者爲中選；第二場策一道，以時務題，限五百字以上。漢人、南人第一場明經、經疑二問，《大學》《論語》《孟子》《中庸》内出題，並用朱氏《章句集注》，後以己意結之，限三百字以上；經義一道，各治一經，《詩》以朱氏爲主，《尚書》以蔡氏爲主，《周易》以程氏、朱氏爲主。已上三經兼用古注疏，《春秋》許用《三傳》及胡氏《傳》，《禮記》用古注。限五百字以上，不拘格律。第二場古賦、詔誥、章表、内科一道，古賦、詔誥用古體，章表四六，恭用古體。第三場策一道，經史、時務内出題，不矜浮藻，惟務直述，限一千字以上成。

一、蒙古、色目人作一榜，漢人、南人作一榜。

一、蒙古、色目人願試漢人南人科目，中選者加一等注授。

一、第一名賜進士及第，從六品；第二名以下及第二甲，皆正七品；第三甲下皆正八品。兩榜並同。

一、流官子孫蔭叙並依舊制，願試，中選者優升一等。

一、在官未入流品，願試者聽。若中選之人已有九品以上資級，比附一高加一等注授；若無品級，止依試例，從優銓注。

一、别路、府、州、縣人若寄居本處，許借籍貫赴試，中選者注本籍貫并寄借處所。

一、軍民、僧尼、道客、官儒、回回、醫匠、陰陽、寫算、門廚、典雇未完等户，願試者以本户籍貫赴試，鄉黨保舉，不得狥私。路、府、州、縣不許溷濫，以妨舊制。

一、蒙古、色目人、漢人、南人已經犯罪在逃未獲，并赦後，或未赦，願試者聽。若中選，減一等注授。

一、倡優之家，及患廢疾，若犯十惡奸盜之人，不許應試。

一、國子監學歲貢生員及伴讀出身，並依舊制，願試者聽。中選者于監學合得資品，上從優銓注。

一、别路、府、州、縣附籍，蒙古、色目人、漢人、南人，大都、上都有恒產，注經年深者，從兩都官司依上例推舉就試，其餘去處冒貫者治罪。

一、科舉既行之後，若有各路府州縣歲貢及保舉儒人等文字到官，並令還本鄉應試。

一、舉人于試場内毋得喧嘩，違者治罪，仍殿二舉。

一、所在官司遲誤開試日期，監察御史、肅政廉訪司糾彈治罪。各鄉試處所并選中名數，其餘條目，命中書省議行。於戲！經明行修，庶得真儒之用；風移俗易，益臻至治之隆。咨爾多方，體予至意。

皇慶二年十一月　日

勑　押

中書平章政事臣兀伯都剌　押

中書平章政事樞密使臣張珪　押

中書平章政事張驢

中書右丞相臣八剌脱因　押

中書左丞相參知政事臣阿卜海牙　押

中書參知政事吏部尚書綱領國子學事臣許思敬

中書參知樞密院事御史大夫臣脱歡答剌罕

中書參知政事侍御史臣答失罕

參知政事臣秃魯花鐵木兒

中書知樞密院事宣徽使臣完澤

翰林學士承旨臣玉連赤不花　施行

皇帝聖旨，詔曰：我世祖高皇帝馭區立極，一洗故宋之敝習。再三傳朕，垂拱宸居。華夷黎庶，罔不咸寧。取道之遠，必資良車，航海之深，惟宜巨舶。今據中書省張珪、丞相秃魯合散牙成應、平章阿迭不花、國子學事許思敬、御史答剌醜議，以明年皇慶三年八月，大都、上都、真定路、東平路、河南行省、陜西行省、遼陽行省、四川行省、甘肅行省、雲南行省、嶺北行省、征東行省、江浙行省、江西行省、湖廣行省、河東行省、宣慰司、山東宣慰司各行鄉試，選合格者三百人。蒙古人取合格者七十五人：大都一十五人，上都六人，河東五人，真定等路五人，東平等路五人，山東四人，遼陽五人，河南五人，陜西五人，甘肅三人，嶺北三人，江浙五人，江西三人，湖廣三人，四川一人，雲南一人，征東一人。色目人取合格者七十五人：大都一十人，上都四人，河東四人，東平等路四人，山東五人，真定等路五人，河南五人，四川三人，甘肅二人，陝西三人，嶺北二人，遼陽二人，雲南二人，征東一人，湖廣七人，江浙一十人，江西六人。漢人取合格者七十五人：大都十一人，上都四人，真定等路一十一人，東平等路九人，山東七人，河東七人，河南九人，四川五人，雲南二人，甘肅二人，嶺北一人，陝西五人，遼陽二人，征東一人。南人取合格者七十五人：湖廣一十八人，江浙二十八人，江西二十二人，河南七人。官司務簡擢賢能，拔幽振滯，取士以德行爲本，試藝以經術爲先。行省分左右二試，右以二場，左以三試，核其籍貫，徵彼蘊涵，毋容澆薄之風，用損文明之治。次年二月俱赴京師，分卷考試，於内取中選者。一百人内：蒙古人二十五人，色目人二十五人，漢人二十五人，南人二十五人。務矢公慎，期致得人。三月俟朕御試，中選者登名黄榜，隆加顯任，銓授有司。其餘未入格者求其寸長，録爲備榜，廣儲器使，鼓舞成才。俾岩穴之士不歌《薖軸》之章，多士之朝再睹咸和之象。布告天下，體朕意焉。

皇慶二年十一月　日

勑　押江浙行中書省正六品散官安思台謄寫

淇陽王開府儀同三司大師録軍國重事知樞密院事臣脱脱

兒罕赤　行

開府儀同三司知樞密院事臣也先鐵木兒施行

御史大夫　缺

御史大夫　缺

御史大夫臣火尼赤　押

我朝世廟時釐正諸祀典，改先聖謚爵及廟中兩廡坐位，别設啓聖祠，祀聖父，祔以先賢儒之父，并易泥像爲木主，皆卓然千古之見。然其議則昔人已有之矣。嘗讀元姚文公《牧庵集》中載《汴梁夫子廟學記》，其略以爲“若謂生民以來，未有孔子，此雖極天下之美謚，不足形容盛德萬一。乃褒成侯宣尼公之稱，始漢平帝王莽攝政時。後魏孝文法之，謚文宣尼父。唐玄宗謚文宣，宋真宗加‘玄聖’，後易爲‘至聖’，至今遵用，何也？杜預《春秋傳叙》曰‘子路欲使門人爲臣，孔子以爲欺天，而云仲尼素王丘明素臣爲通論’，[①]乃後世竟加以王爵，誠有不知其可者。其享配諸位，柳宗元以爲‘從于陳蔡者，言出於一時’‘坐祀十人爲哲，非夫子之志’。乃後又有進顔、孟並孔子南面，别躋曾子足數者。江左則進曾子、子思並顔、孟，别躋子張補曾子位。夫由孟子視，子思師也；由子思視，曾子又師也。子思又孔子之孫。弟子于師，孫于祖，並南面於一堂之上；況祀無繇，蒧鯉于庭，崇子抑父，人倫倒錯于數筵之地，奚以爲訓？又在在之廟，泥像其中，郡異縣殊，不一其狀，甚非‘神而明之，無聲無臭’之道。曩長安新廟成繪六十一人，與廿四儒于廡，畫工病其面之同，肖貴人之貌圖其上，過而識者抵掌而語曰‘此是某此是某’，溺習已然，若何不變”云云。諸論皆暗與今合，可見議禮家到意見至當不易處，自然相符。但必待大有爲聖人方能決行耳。牧庵名燧，官承旨，史稱其“受學許衡，爲世名儒”云。

【校箋】

①“而云……爲通論”：杜預原文是“而云仲尼素王，丘明素臣，又非通論也”。引文有誤。

吾邑勝國時設上千户翼，竟不知當年廨宇在何地，嘗以此爲疑。後見姚承旨《牧庵集》有一《千户所廳壁記》云：[①]“我元駐戍之兵，皆錯居民間，以故萬夫千夫百夫之長，無廨城邑者。其有統齊徵發之政，無文移，惟遣伻銜言至受命大帥，或依高丘曠野，爲律以行。”觀此，然後其疑始釋。

【校箋】

① 按：《千户所廳壁記》見《四庫全書》本《牧庵集》卷六。

《姚牧庵集》有《提刑趙公夫人楊氏新阡碣銘》，[①]不稱楊氏，稱楊君，曰：“古邦君之妻，邦人曰小君。禮：士喪，妾不得匹其夫，必曰君妻、曰女君。後世封羊祜妻爲萬歲鄉君，則令甲郡縣君之始。余故不敢氏夫人而君之。”亦發例之最新者。

【校箋】

① 按：原題作《提刑趙公夫人楊君新阡碣》，見《牧庵集》卷二七。引文亦見《南村輟耕録》。

佛藏譯場經館分務，例不止一人。先宗譯主，次則筆受，次則度語，次證梵本，又立證梵義一員，證禪義一員，次則潤文，不恒員數。又次則覆證、校勘，而以大臣爲監護大使，重其事焉。預是選者，必文詮三藏，義貫五乘，識梵言不墜彼學，博蒼雅不昧此文，非敢自爲增減，失佛本旨者。儒者過而疑之，以爲多出筆受潤文之手，其於譯場慎重詳密之規，概有未晰，何怪乎謗舌無忌哉？偶閱釋贊寧《譯經》一論，於譯例殊爲明晰，備録以啓信。

論曰：翻譯梵夾，今立新意，成六例焉。謂譯字譯音爲一例，胡語梵言爲一例，重譯直譯爲一例，粗言細語爲一例，華言雅俗爲一例，直語密語爲一例也。

初則四句：一譯字不譯音，即陀羅尼是；二譯音不譯字，如佛胸前卐字是；三音字俱譯，即諸經律中純華言是；四音字俱不譯，如經題上有冂乙二字是。

第二，胡語梵言者，一在五天竺，純梵語；二雪山之北是胡。山之南名婆羅門國，與胡絶，書語不同，從羯霜那國，字源本二十餘言，轉而相生，其流漫廣，其書豎讀，同震旦歟？至吐貨羅，言音漸異，字本二十五言，其書横讀。度葱嶺南，迦畢試國，言字同吐貨羅，已上雜類爲胡也。若印度言字，梵天所製，本四十七言，演而遂廣，號青藏焉。有十二章，教授童蒙，大成五明論，大抵與胡不同。五印度境彌亘既遥，安無少異乎？又以此方始從東漢傳譯，至于隋朝，皆指西天以爲胡國，[①]且失梵天之苗裔，遂言胡地之經書。彦琮法師獨明斯致，唯徵造録。痛責彌天，符佛地而合《阿含》，得之在我；用胡名而迷梵種，失則誅誰？唐有宣公，亦同鼓唱。自此若聞彈舌，或睹黑容，印定呼爲梵僧，雷同認爲梵語。琮師可謂忙於執斧，捕前白露之蟬；瞢在回光，照後黄衣之雀。既云西土有梵有胡，何不南北區分，是非料簡？致有三失：一改胡爲梵，不析胡開，胡還成梵，失也。二不善胡梵二音，致令胡得爲梵，失也。三不知有重譯，失也。當初盡呼爲胡，亦猶隋朝已來總呼爲梵，所謂過猶不及也。如據宗本而譚，以梵爲主；若從枝末而説，稱胡可存。何耶？自五天至嶺北，累累而譯也。乃疑琮公留此以待今日，亦不敢讓焉。三亦胡亦梵。如天竺經律傳到龜兹，龜兹不解天竺語，呼天竺爲印特伽國者，因而譯之。若易解者猶存梵語。如此胡梵俱有者是。四二非句，純華言是也。

【校箋】

①“皆”，原作“背”，據《宋高僧傳》改。

第三，重譯直譯者。一直譯，如五印夾牒直來東夏譯者是。二重譯，如經傳嶺北樓蘭、焉耆，不解天竺言，且譯爲胡語。如梵云“鄔波陀耶”，疏勒云“鶻社”，于闐云“和尚”。又天王，梵云“拘均羅”，胡云“毗沙門”是。三亦直以重，如三藏直賫夾牒而來，路由胡國，或帶胡言。如覺明口誦《曇無德律》中有“和尚”等字者是。四二非句，即賫經三藏，雖兼胡語，到此不翻譯者是。

第四，粗言細語者，聲明中一蘇漫多，謂泛爾平語言辭也。二彦底多，謂典正言辭也。佛説法多依蘇漫多，意住於義，不依于文，又被一切故。若彦底多，非諸類所能解故。亦名全聲者，則言音分明典正，此細語也。半聲者，則言音不分明而訛僻，此粗語也。一是粗非細。如五印度時俗之言是。二唯細非粗。如法護、寶雲、奘師、義淨，洞解聲明音律，用中天細語典言而譯者是。三亦粗亦細，如梵本中語涉粗細者是。或注云此音訛僻，即粗言也。四二非句闕。

第五，華言雅俗者，亦云音有楚夏同也。且此方言語，雅即經籍之文，俗乃街巷之説，略同西域。細即典正，粗即訛僻也。一是雅非俗，如經中用書籍言是。二是俗非雅，如經中乞頭、博頰等語是。三亦雅亦俗，非學士潤文，信僧執筆，其間渾金璞玉交雜相投者是。四二非句闕。

第六，直語密語者，二種作句，涉俗爲直，涉真爲密，如婆留師是。一是直非密，謂婆留師翻爲惡口住，以惡口人人不親近故。二是密非直，婆留師翻爲菩薩所知彼岸也，既通達三無性理，亦不爲衆生所親近故。三兩亦句，即同善惡真俗，皆不可親近故。四二非句，謂除前相故。又阿毗持阿婁、[①]鬱婆提、[②]婆羅，[③]此諸名在經論中，例顯直密語義也。更有胡梵文字，四句易解。凡諸類例，括彼經詮，解者不見其全牛，行人但隨其老馬矣。

【校箋】

① 原注：目數數得定。

② 原注：目生起拔根棄背。

③ 原注：目貞實離散亂。

道藏經皆妄道士所造，所分部尤可笑。姑記其略：其一曰洞真部，元始天尊所出，演大乘上法九聖之道，分十二類：一曰本文，二曰神符，三曰玉訣，四曰靈圖，五曰譜録，六曰戒律，七曰威儀，八曰方法，九曰衆術，十曰記傳，十一曰讚頌，十二曰表奏。凡系元始天尊流演者，各繫於其類。其輔則有太玄部。其一曰洞玄部，太上道君所出，演中乘中流九真之道，亦分十二類，與前洞真部同。凡系太上道君流演者，各繫於其類。其輔則有太平部。其一曰洞神部，太上老君所出，演小乘初法九仙之道，亦分十二類，與前同。凡系太上老君流演者，各系於其類。其輔則有太清部，此外又有正一部。正一者，則通貫洞輔之部歸會於此。凡七部，故曰三洞四輔。其説以爲天地之先，妙一分三：元混洞太無元生天寶君，治在玉清境，天曰清微天，其氣始青，是爲元始天尊；赤混太無元生靈寶君，治在上清境，天曰禹餘天，其氣元黄，是爲太上道君；冥寂玄通元生神寶君，治在太清境，天曰大赤天，其氣玄白，是爲太上老君。俚謬至此，而世乃宫而像之，以爲實有，此可嘆也。

相傳道經初有一百九十三萬四千三百八十卷，自伏羲、神農至殷湯、武丁，流布者一萬五千餘卷，其諸真文所授修行得道之經行于世者，計二萬九百八十卷，諸隨經入藏者不與。宋陸修靜《藏經目》一萬八千一百卷，宋明帝太始七年校勘，存六千三百餘卷。後周法師王延《珠囊經目》八千三十卷，唐尹文摻《玉緯經目》七千三百卷，明皇《御製瓊網經目》五千七百卷，唐文宗太和二年太清宫使奏見存止五千三百定數。黄巢之亂，焚蕩多散，有神隱子收合，復爲三洞經。五季亂離，篇章雜揉。宋代紹隆，道藏復備，廢于丙申之難。前元至元乙亥，有披雲子宋真人收録到《藏經》七千八百餘帙，鋟梓于平陽府。永樂鎮東祖庭因刻石紀此。然遠而遡至開闢，及羲農以來未有文字之前，不知何據得此卷數之詳？誕妄極矣。合藏爲　千　百　十　卷，視佛藏卷爲未滿云。

《仙乘》最真，《仙通鑒》晚出，較前此諸撰稍備，道士趙全陽筆也。[①]鄧中齋光薦有序，[②]頗不滿之，以爲天真列仙玄間地位已在，《經藏》若存之，《仙鑒》之目反似挂一漏萬，一一具述，又不可勝書。又云：稚川傳淮南王八公事甚偉，謂漢史秘之可矣。更生父德治淮南獄，得鴻寶枕中書誦之，以爲奇。及著《列仙》，乃擯淮南八公而不列。江鄉間相傳旌陽事蹟，焜曜耳目，及考《真誥》，載諸許真胄家世譜系，諱行伯仲群從，上自司徒，下至虎牙，獨一語不及旌陽，名不掛譜。《真誥》作于梁，距東晋不遠，未應墮史之闕文，良可爲怪。今全陽所紀劉安、許太史，風績相望於《列仙》，《真誥》，得無間然否？其説皆有理，吾甚韙之。然既已病其不詳，又復訾其濫入爲全陽者，不亦難乎？神仙事自是杳冥，必欲求其無漏無訛，此局大恐難結，或當詣清微天，乞元始氏集無鞅大衆一一質問真的，歸而下筆可耳。

【校箋】

① 趙全陽：即趙道一，號全陽子，元代浮雲山道士，有《歷代真仙體道通鑒》，即《仙通鑒》。

② 鄧光薦（1232—1303）：初名剡，字中甫，又字中齋。廬陵人。南宋理宗景定三年（1262）進士，歷任宗正寺簿、秘書丞、禮部侍郎兼直學士院。與文天祥交厚。

楊雄覃思渾天，作《太玄》，擬《易》，以八十一首當卦，七百二十九贊有奇當爻，分主晝夜，應三百六旬有六日之度，以節氣起止定其序，以五行勝尅著其義，亦京氏《易》學直日之説之流耳。當時有稱其絶倫，又有議其覆瓿者，迄今無定論。吾淺人安能知？第取其書中奇字及一二高古語，可與《易》並傳者識於後，用資博雅。

礥① 灶② 坟③ 戠④ 狩⑤ 夭⑥ 瑳⑦ 軸⑧ 傠⑨ 瞑⑩ 瘱⑪ 怠⑫ 堊⑬ 樌⑭ 吰⑮ 矾⑯ 脜⑰ 閺⑱ 撁⑲ 嬰⑳ 桼政㉑ 石婦㉒ 夭夫㉓ 黿緺㉔ 觥羊㉕ 童牛角馬㉖ 孔鴈之儀㉗ 蟹之郭索㉘ 天網罝罝㉙ 赤子扶扶㉚ 赤舌燒城 榆漏率刻㉛ 間不容䲰㉜ 崇崇高山下有川波，其人有輯航可與過㉝ 地自冲下于川測曰地自冲人之所聖也 升于堂，顛衣到裳，廷人不慶，崔嵬不崩，賴彼峽岸㉞ 交于鷖猩，不獲其榮；交于鳥鼠，費其資黍㉟ 今獄後穀，終説桎梏 陽始出奥，舒疊得以和淖，物咸喜樂 斧刃缺，其柯折，可以止，不可以伐 蜘蛛之務，不如蠶之綸㊱ 蛟潛于淵，陵卵化之，人或陰言，百姓和之，測曰：蛟潛之化，中精誠也 蛛罔，罔遇螽利，雖大不得㊲ 豐牆峭阯，三歲不築崩 雉之不禄而雞蓋穀㊳ 明珠彈于飛肉其得不復 翕其羽，利用舉 滿其倉，蕪其田，食其實，不養其根 紅蠶緣于枯桑，其繭不黄㊴ 懷利滿匈，不利于公 務成自敗，兩成自隊㊵

【校箋】

① 原注：下研切，難險也，難貌，又下珍切，硬也。

② 原注：音比，又比利切，相次之意；一云批字之誤。

③ 原注：音雉，五堵爲坟。

④ 原注：古纖字。

⑤ 原注：即踈字，萬物扶疛。

⑥ 原注：古弓矢之矢字。

⑦ 原注：嗟資之嗟。

⑧ 原注：古文胄。

⑨ 原注：即伐字。

⑩ 原注：音麻，小視也，竊視也。

⑪ 原注：一計切，靜也，安也，猶協也。

⑫ 原注：音翕，恰也，猶合也，瘱念和協，合同之意。

⑬ 原注：音望，義同，又責望也。

⑭ 原注：音賴，壞也，小度差差，大櫴之階。

⑮ 原注：於交切，多聲也。

⑯ 原注：音仇，即逑字。

⑰ 原注：眇也，音義同。

⑱ 原注：音缺，無門户也。

⑲ 原注：即改革之革。

⑳ 原注：即妃字，《傳》云水大妃。

㉑ 原注：桼即七，亦作漆，日月五星爲七政。

㉒ 原注：室石婦謂，窒不生子之婦。

㉓ 原注：矢言乎直也，謂正直之夫。

㉔ 原注：龜言印，緺言綬。

㉕ 原注：大羊也，觤，羊角屈起之貌。

㉖ 原注：無角爲童，童牛角馬言不常。

㉗ 原注：孔，孔雀也，謂乃鳥之行有儀也。

㉘ 原注：多足蟹。

㉙ 原注：音觥，又力蕩反，即恢恢之意。

㉚ 原注：幼小貌。

㉛ 原注：注榆猶寫也，疑輪字之誤；率者，總計之意，言定待刻也。

㉜ 原注：音□。

㉝ 原注：輯即楫。《漢書·元后傳》："輯，濯越歌。"

㉞ 原注：峽岸，山足。

㉟ 原注：鸝猩用《曲禮》語。

㊱ 原注：務，專力也，迷浮切。緰，本書音投云："一緰之利也。"韻書與繻通，尤韻無。

㊲ 原注：螽，蝥蟲，蛛不能制故。

㊳ 原注：藎，進進不已之意。雉有文章，反在野不祿，而雞則儘與之穀也。

㊴ 原注：蠶老爲紅檿桑繭黄。

㊵ 原注：務成自敗，似言成即毁敗之端，兩成自隊句更可想。

宋人章詧爲《太玄發隱》，内稱王莽嘗筮玄，遇干之一五七，今干一鑽于内隟，測云：非二干丘餉。或錫之坯，測云：不好七。何戟解解，測云：不容道。莽恣睢不仁，好托禨祥，惑衆作符命，尚不免投閣，況有此，寧不與衍功侯喜同獲左道之譴乎？詧云出宋陸績舊注，或云注是寓言。乃今本亦無之，不敢定其真否。姑記之，並廣異聞焉。

王弇州《二月三十日清明詩》："二月已破三月新，清明節晦來爭春。"誤以此日爲唐初晦節，唐晦節正月晦也。

公七言律，以《憶昔》三篇居卷首，咏成、孝、武三朝事也。想公自以爲昭代故實。中饒得意語，因取冠斯體。然按之概未愜心，殊不曉何解。及讀七絶中《弘治宫詞十二首》《正德宫詞二十首》《嘉靖西城宫詞十二首》，頌不涉諂，諷不嫌訕，吟咀回環堪賞。始信此等題，絶句則語短情長，於樂府爲近，律篇則句俳意滯，在風雅非宜也。弇州復起，亦必首肯吾言。

京師陷於李賊，大小諸臣降者以千計，至有效力爲之用者。賊敗西歸，諸逆逃還，或伏鄉里不出，或公然投新主行在求復用。公論不平，始擬照唐代至德令，以六等定罪。而主議者多陰納金錢，欲爲之上下其間，罪等久不能定。適閲唐《廣神異録》云："天寶末有童謡云：'不上蘭臺草，惟愁答辨難。無錢求案典，生死任都官。'未幾，禄山之亂，朝士多受僞命。剋復之日，繫三司獄鞫問，家産罄盡，生死無路，果應童謡。"鬻獄之弊，千古一律，雖此等大事，亦被錢神作祟，到底不明不白，人無懲創也。

我國家之禍，至今甲申極矣。然甲申自是災刼之歲，《道藏》見之不一。《天地運度經》云："金天氏之後，甲申之歲爲運度，否泰所終。"《金陽玉匱論》云："承唐之後數四十六丁亥，三劫之周。又數五十五丁亥至壬辰癸巳，大劫之周。

前後中間甲申之年乃小劫之會，陽九、百六二氣交會，得過者少。”《上清無量經》云：“一千八百年大陽九，一百八十年小陽九；一千六百年大百六，一百六十年小百六。陽九不遇甲，百六不遇申不爲災。總遇甲申爲災。”庾信《步虚詞》有“開經壬子世，值道甲申年”，杜光庭《齋籙詩》亦有“甲申洪災至，控翮王母家”等語，皆言求免此厄也。不謂今竟值之而驗，慟矣！慟矣！

百六、陽九之説，昉于《易傳》陽九之戹、百六之會，而詳於劉歆所作《三統曆譜》。其略云：三統是爲元歲。元歲之閏，陰陽災。三統閏法。《易》九戹曰：初入元，百六，陽九；次三百七十四，陰九。[①]次四百八十，陽九；[②]次七百二十，陰七；[③]次六百，陰五；次六百，陽五；[④]次四百八十，陰三；次四百八十，陽三。[⑤]凡四千六百一十七歲，爲一元，經歲四千五百六十，災歲五十七。一元之中五陽四陰，九七五三皆陽數，故曰陽九之戹。其説本如此。《道藏》乃以九乘九爲大小陽九，八乘八爲大小百六，概爲派算，别無參差，統占一元，既與元初之百六有戾，單乘九數，更於七五一之陽九未全，似乎襲其名、未甚究其義者。乃甲申之説何以推之多驗，豈道家另有一種師承，不必盡同耶？容就知者訪之。[⑥]

【校箋】

① 原注：初入元百有六歲，爲陽九，有厄者，則前元之餘氣也，

若餘分爲閏也。《易》爻有九六七八，百六與三百七十四，六乘八之數也，六八四十八，合爲四百八十歲也。

② 原注：亦六乘八之數。于《易》爻六有變，故再數也。

③ 原注：九乘八之數。八九七十二，爲七百二十歲。

④ 原注：七八爻乘八之數。七乘八得五百六十歲，八乘八得六百四十歲，合千二百歲也。于《易》爻七八不變，氣不通，故合而數之，各得六百歲也。

⑤ 原注：此六乘八之數也。六既有變，又陰爻也，陽奇陰偶，故九再數，而六四數，七八無變，又無偶，各一數。

⑥ 原注：靈寶自然運度，以三千三百年爲小陽九、小百六，九千九百年爲大陽九、大百六，又有此不同。

詩人稱蟲魚禽獸爲汝，不足怪。至稱花爲君，如羅隱；稱風爲君，如劉禹錫。稍異矣。雖然，原本《三百篇》，《萇楚》之詩曰："樂子之無知。"

陸放翁詩"吏進飽諳箝紙尾，客來苦勸摸牀稜"，《唐書》：蘇味道爲相，決事持兩端，世號摸稜手。[①]《朝野僉載》自云其手摸牀稜也。陸詩本此。

【校箋】

① 陸游詩見《自咏示客》。蘇味道事見《新唐書》卷一一四《蘇味道傳》。

崇禎癸未，會闈，值大兵深入，計偕者多中途狼狽而返。

時兵勢方強，李寇又踞荆襄爲患，一時士子皆知京師之危，而念不能割第，日望解嚴補試，以謂：吾輩幸而得第，始鑽謀乾淨地方，且去趂些錢鈔，歸家作富翁耳。未幾兵退，八月補試，諸得第者至明年甲申三月李寇兵破京師，盡乞降授職，殊少殉節之人，狗彘不若矣。嗚呼！國家以甲科取士，號爲第一等人物，而收效乃爾。原其讀書應舉，初蚤自算盡便宜，只顧身家，不顧朝廷故也。記唐末黄寇逼潼關，士子應舉者方流連曲中，以待試期，爲詩云："與君同訪洞中仙，新月如眉拂户前。領取嫦娥攀取桂，便從陵谷一時遷。"① 士人不知好歹，胡説至此，科舉何益人國？欲倚之得人，冀有少分濟裨耶！

【校箋】

① 黄宗羲《〈行朝録〉自序》："唐末黄巢逼潼關，士子應試者，方流連曲巷以待試期，爲詩云：'與君同訪洞中仙，新月如眉拂户前。領取嫦娥攀取桂，便從陵谷一時遷。'中土詩文之士，大抵無心肝如此。豈知海外一二孤臣遺老，心懸落日，血濺鯨波，其魂魄不肯蕩爲冷風野馬，尚有此等人物乎！"按：此詩未知何人所作，胡氏以前未見徵引，自黄宗羲之書行後，方爲世知。

詩家咏貧者不一，客嘗舉貫休、徐夤兩詩問我曰："如休'家爲買琴添舊債，廚因養鶴減晨炊'，貧猶可也；若夤'廚非寒食還無火，菊待重陽擬泛茶'，此貧如何過得？"余曰：

“是不然，更有井茶也不能辨的。”與客一笑而罷。

江左雖稱六朝，然自不可同論。孫吴始建，是因天下之亂，爭而據有之者，其上也。東晋則失國播遷，是爲偏安，而宋齊以下又承偏安之舊，姑遞代焉者，總去孫吴遠矣。後此惟南唐李氏承楊徐始業，以北與中原、南與錢鏐角力。宅此土雖封壤褊狹，不及六代時之半，而事同開創，迹異圖存，似猶有孫氏英雄餘概，未可以僭僞便薄之。

南唐元宗末造，割江外與周。平山人史虚白召對，述所作《漁父》詩“風雨揭却屋，全家醉不知”句爲諷，元宗變色。又嘗爲《割江賦》云：“舟車有限，沿汀島以相安；魚鱉無知，尚浮游而不止。”今國家不幸遷播江表，而立國之初，諸公討賊之義未伸，固圉之謀總缺，日惟講門户、援黨類、招貨賄，紛紛進取不休，真虚白所稱“無知魚鱉”之不止者耶？可勝裂眥憤嘆！

日月初生，誠不知如何。據《道藏》“月華陰景飛空音”章云：“六合皆空，初無一物。空忽自虚，炁風轉足，風號剛風，炁爲元炁。炁如黑霧，風鼓而聚。化爲黑月，游泛無所，黑中生赤，赤丸爲日。天地華實，月爲日根。”想開闢初，正當然耳，極似有理。再檢《釋藏》如《長阿含經》則云：“劫初長成時，天地大闇，有大黑風，吹大海水，開取日以照天下起世，云爾時世間便成黑暗，是時忽然生出日月及諸星宿，便有晝夜、年歲、時節。”更較《道藏》説得渾成，不惹出破綻，大討便宜。然《起信》較《長阿含》義尤勝，以并無黑風吹海洋等説也。

盧綸《澄上人詩》“學淺喜言”，固貫休《宿東林寺詩》“僧好語尋常”，①談禪者肯認作淺，便是不尋常。若到真尋常，又何問淺深同異也？合讀此兩言，當大有會。

【校箋】

① 按：“學淺喜言”，原句作“學淺喜言同”，出盧綸《宿澄上人院》；“僧好語尋常”，乃修睦《東林寺》詩，此乃胡氏誤記。

坐圜守静爲入道之本。宋金之初，重陽子遇鍾、吕之傳，始立全真之教，五祖則太上、東華、鍾、吕、海蟾也，七真則丘、劉、譚、馬、郝、孫、王也。其下綿延暨五苗，祈完之輩甚衆。今粗録七真遺事，備考：

王嚞，字知明，號重陽子，京兆咸陽人，家終南縣劉蔣村。貌雄偉，美鬚髯，初業進士學，金正、隆間，棄家學道，人以其狂，呼爲害風，因以自號。築壙，號活死人墓，自居。遇吕純陽、劉海蟾，得道。以有緣在東方，抵登州寧海，度馬丹陽夫婦，及譚處端、劉處玄、丘處機諸真。後至南，化，年五十八，時大定十年也。後丹陽嗣其教學，譚、劉、丘相繼爲宗盟，全真學者推以爲祖師。元贈重陽全真開化真君，有《全真前後韜光集》行世。

馬鈺，初名從義，字宜甫，重陽爲更今名。字玄寶，號丹陽子，寧海人也。額有三山，手垂過膝。重陽子至其家勸誘，因棄其妻孫氏入道，年六十一化。

譚處端，初名玉，後更今名。字通正，號長真子，寧海人。骨相不凡，尤涉獵經史。感病，誦《北斗經》而愈，歸道之心遂決。大定七年，聞重陽子在馬丹陽家，求備弟子列，得道，化於洛陽朝元宫，年六十三。

劉處玄，字通妙，號長生子，東萊人。素有學道之志，不娶。師重陽子後，築庵于武官，玄風大振，四方受教者日衆。明昌初，駙馬都尉鎮萊州，以其惑衆，追捕下獄。俄頃，人見之于市，及觀獄中，方熟睡，因出之。成安二年召赴闕問道，明年乞還山，太和三年化，年五十七。

丘處機，字通密，號長春子，登州棲霞人。年二十，師重陽于寧海，重陽器重之，訓誘尤切至。後居磻谿、龍門、終南，聲名藉甚。金世宗召見，陳延生保命及持盈守成之戒。後居萊州。元興，太祖從乃蠻遣使徵，北行萬里達行在。太祖問道，告以節欲保身，天道好生惡殺，治尚無爲清靜之理。及勸其撫卹山東、河北，使黎元蘇息，爲祈福之一端。又以國俗未知孝道爲言，語多真切，帝嘉納之。耶律楚材爲撰《玄風慶會録》。乞歸，至燕京，住太極宫，勑改長春宫，年八十化。

王處一，寧海東平人，號玉陽子。弱冠不婚，從重陽子學道。一日同行，所持傘忽騰空去二百里而墮，又號傘陽子。

故重陽有“傘竹通爲七個人”之句，以應金蓮之七數也。金世宗、章宗嘗徵至闕門道，待以方外之禮。①年七十六，化於北京聖水玉虚觀，時大元丁丑歲也。

【校箋】

① 原注：告世宗云：“惜精全神，修身之要；端拱無爲，治天下之本。”告章宗云：“至道之要，寡事欲則身安，薄賦斂則國泰。”

郝大通，字太古，號廣寧子，寧海人。曉陰陽律曆卜筮之術，隱於卜肆。重陽至寧海，以背坐之機、感發之因傳道，爲更名之曰璘，號恬然子。嘗默坐沃州橋下，爲小兒輩戲，累磚石爲塔於頂亦不動，河水溢至亦不起。如是者十五年。與人占筮，凡有言無不驗。崇慶元年化去，年七十三。

孫仙姑，名不二，號濤静散人，馬丹陽之妻。重陽鎖庵于其家，以交梨芋栗，屢示神變以化之，於是夫婦舍家，各從重陽授道。後依洛陽風仙姑，六年道成，先丹陽子化去。大元辛丑，葬洛南慶真觀之金蓮堂，爲十方女冠皈依之所。

附　録

上海圖書館藏本《讀書雜記》識語

職方著述等身，此《讀書雜録》世傳頗罕。丙申冬，從拜經樓借觀，因命胡生鳳□手録之，鱣記。

《四庫全書總目·讀書雜記》提要

《讀書雜記》二卷（安徽巡撫采進本），明胡震亨撰。震亨有《海鹽縣圖經》，已著録。是編乃其讀書筆記，如引元稹《白集序》證刊板始唐長慶中，引顔師古《匡謬正俗》證柏梁詩傳寫之謬，引劉孝標《世説註》證《蜀都賦》有改本，引杜牧詩證木蘭爲黄陂人，引孟元老《東京夢華録》證爆仗字，引朱子、陸游詩證豆腐緣起，引曾慥《類説》證李賀容州槎語，引王象之《碑目》證顧況《仙游記》，皆語有根據。他如辨孔子防墓、辨周稱京師，亦俱明確。以及元鄉試録條格、贊寧《譯經論》道藏源流諸條，亦足以資考據。惟其生於明末，漸染李贄、屠隆之習，掉弄筆舌，多傷佻薄，憤嫉世俗，每乖忠厚。如謂嫦娥、纖阿兩雌與吴剛共處月中，則調笑及於明神；謂生天生地，乃生盤古，應稱三郎，則嘲弄及於古帝。以至明末時事，動輒狂詈，牽及唐之進士，并詆爲賊，其傎亦未免已甚也。

《光緒海鹽縣志》卷十五《人物》

胡震亨，字孝轅，才高博學，於書無所不讀，而尤究心治術。自爲諸生時，黄葵陽、馮具區諸先輩即以經濟推之。中萬曆丁酉浙榜，名著海内，數上公車不遇。就職固城教諭，以《尚書》授諸生，固城眭氏皆其高弟，大學士范景文亦及門士也。升合肥知縣，勵精政治，訟獄精明，錢糧分毫不可欺，鳳米解户悉改官解。大興水利，治狀冠江北。吏治之餘，講求兵事。劉綎援遼渡淮，震亨馳謁論兵，老將心折。時議舉邊才，不果。升德州知州，州吏持牘來迎，震亨批牘尾以詩，有云“自愛小窗吟好句，不隨五馬渡江來”，謝病不赴。著書自娱。崇禎季年，薦補定州知州。南北師行絡繹，供億有法。以城守功，擢兵部職方司員外郎，乞歸。藏書萬卷，日夕搜討，凡秘册僻本、舊典佚事，遺誤魯魚漫漶不可句讀者，無不補掇揚搉，稱博物君子。所著《唐詩統簽》《海鹽圖經》《續文選》《靖康咨鑒録》。凡海虞毛氏書，多震亨所編定也。子季瀛，别有傳。（王阮亭《分甘餘話》載："胡孝轅輯《唐詩統簽》自甲迄癸，凡千餘卷，卷帙浩汗，久未版行。余僅見其《癸簽》一部耳。康熙四十四年，上命購其全書，令織造府兼理鹽課通政使曹寅鳩工刻於廣陵，胡氏遺書，幸不湮没。然版藏内府，亦無從而見之也。"）